はじめに

　運動が健康になぜ有効なのかという点に関しては研究が進み、多くのことが明らかにされている。それは、運動には全身の組織に自然な刺激を与え、加齢とともに起こる生理的機能の低下を防止し、ストレスを解消し、血圧の上昇を抑制し、心臓に対する負担を軽減し、血中脂肪を減少させ、動脈硬化を防止するなど、現在における健康上のリスクファクターを抑制する要因があるためであ。

　一方、運動には常に何らかの危険がつきまとい、運動がかえって健康に悪影響を与えることもある。しかし、適度な運動は多くの成人病に対して予防または治療に有効的であり、健康な人には健康の維持を図り、人生の幅広い活動の機会を与えてくれる。

　大学保健体育の目的は、運動に接する機会を与え、自分にあった運動を選択し、楽しみながら、安全に身体運動ができる考え方を提供し、社会生活の中で運動が身近なものとなり、日常生活の中での成人病の予防と健康の維持を考えながら実施してもらうことである。

　本書は、これらの健康の維持、成人病の予防などを踏まえた内容を選択し、各分野に業績がある先生方に依頼して、衛生学、感染症、女性と身体、スポーツと生理、運動処方、栄養学、レクリェーションなどの保健とスポーツに関する項目を主としているため、女子大学を含めた大学の「保健体育」の教本として用いることができると信じて疑わない。

　本書の中から実生活に役立つことを学んでいただきたい。

執　筆　者　一　同

も く じ

第1章 現代社会における運動とその課題（芝山正治）
- 第1節 運動と健康 …………………………………………………… 1
  - §1 健康とは ……………………………………………………… 1
- 第2節 健康と運動の社会的背景 ……………………………………… 4
  - §1 高齢化に伴う健康管理 ……………………………………… 4
  - §2 生活様式の変化と健康 ……………………………………… 6
- 第3節 健康体力の現状 ………………………………………………… 7
  - §1 体格・体力の推移 …………………………………………… 7
- 第4節 社会生活における健康・体力つくり …………………………13
  - §1 余暇と健康 ……………………………………………………13
  - §2 余暇活動の現状 ………………………………………………14
  - §3 運動・スポーツと健康体力つくり …………………………15

第2章 環境と健康（芝山正治）
- 第1節 人口問題と環境変化 ……………………………………………21
  - §1 日本の人口 ……………………………………………………21
  - §2 世界の人口 ……………………………………………………25
- 第2節 出生と死亡の変化 ………………………………………………27
  - §1 出生の動向 ……………………………………………………28
  - §2 再生産率 ………………………………………………………27
  - §3 死亡の動向 ……………………………………………………29
- 第3節 生命表 ……………………………………………………………34
  - §1 平均余命と平均寿命 …………………………………………34
  - §2 平均寿命の動向 ………………………………………………34
  - §3 特定年齢の生存率 ……………………………………………34

第4節　感染症と健康 …………………………………………………35
　　　§1　伝染病予防法 ………………………………………………35
　　　§2　性病及び性感染症 …………………………………………36
　　　§3　エイズ ………………………………………………………38
第3章　女性と健康（真木　弘・鳥居恵治）
　　第1節　美しさと健康 ……………………………………………45
　　　§1　自分自身のからだに関心を持とう ……………………45
　　　§2　肥満とはどういうことなのかな？ ……………………53
　　第2節　女性と結婚 ………………………………………………53
　　　§1　結婚とはどういうこと …………………………………53
　　　§2　結婚と疾病 ………………………………………………60
　　　§3　妊娠と出産 ………………………………………………64
第4章　運動と生活（森　奈緒美）
　　　§1　日常生活における運動実施状況 ………………………73
　　　§2　日常生活における運動量の測定 ………………………74
　　　§3　歩数計によって日常生活の運動量と運動の強さを
　　　　　　把握できる科学的根拠 …………………………………76
　　　§4　歩行歩数からみた日常生活の運動量と運動の強さ ……83
　　　§5　歩行歩数と健康・体力との関係 ………………………93
第5章　スポーツと生理（下村典子）
　　　§1　体力とは …………………………………………………101
　　　§2　運動を支配する機能 ……………………………………103
　　　§3　運動を発現する機能 ……………………………………106
　　　§4　運動を持続させる機能 …………………………………110
　　　§5　運動の必要性 ……………………………………………122
　　　§6　運動処方 …………………………………………………124

第6章　スポーツとトレーニングと効果（阪本知子）

§1　近代スポーツとトレーニング …………………………131
§2　スポーツトレーニングとは …………………………131
§3　スポーツトレーニングの特徴 …………………………132
§4　トレーニングの一般的原則 …………………………135
§5　トレーニングの処方と効果 …………………………138
§6　トレーニングと休息 …………………………143
§7　トレーニングの計画性と管理 …………………………144

第7章　スポーツと栄養（下村吉治）

第1節　筋力を高めるための食事 …………………………149
§1　筋肉を増加させるために必要な栄養素 …………………149
§2　骨の形成のために必要な栄養素 …………………………151
§3　筋肉と骨形成のための生活リズムと運動 ………………152

第2節　持久力を高めるための食事 …………………………154
§1　嫌気的エネルギー代謝と好気的エネルギー代謝 ………154
§2　グリコーゲン・ローディング（運動前のグリコーゲン蓄積）…156
§3　運動中のエネルギー源の補給 …………………………157
§4　運動後のグリコーゲン回復 …………………………158

第3節　体重を減少するためのダイエットと運動 …………159
§1　体脂肪 …………………………159
§2　食事誘発性体熱産生（diet-induced thermogenesis: DIT）と食事 …………………………160
§3　運動の効果 …………………………162

第8章　レクリエーション（木下茂昭・正美智子）

- 第1節　レクリエーション ……………………………………167
  - §1　レクリエーションとは ………………………………167
  - §2　我が国におけるレクリエーションの発展 …………168
  - §3　現代人の生活様式 ……………………………………171
  - §4　生涯教育と文部省 ……………………………………172
  - §5　レクリエーションにおけるニュースポーツ ………176
- 第2節　余暇と生活 ……………………………………………179
  - §1　余暇に対する考え方 …………………………………180
  - §2　余暇に対する意識 ……………………………………183
  - §3　余暇と健康 ……………………………………………187
  - §4　余暇の実態 ……………………………………………188

第1章　現代社会における運動とその課題

第1節　運動と健康

§1　健康とは

　健康の定義は、WHO（世界保健機構）の前文で書かれているものが有名である。それには「健康とは、単に病気あるいは虚弱でないというだけでなく、肉体的、精神的、社会的に完全に良好な状態である」と述べられている。この定義の特徴は、健康を単に病気でないといった消極的な概念ではなく、積極的で理想的な良好な状態とした点にある。また、もう一つの特徴は「社会的」ということを取り入れた点である。従来、医学は、健康とは何かを考え続けてきた。しかし、その概念の中には病気の治療や予防医学に対する考え方が強く、社会的側面は必ずしも含まれていなかった。WHOの定義の功績は、この社会的側面を取り入れた点であるが、また同時に、健康を定量的に測定することを困難にもした。しかし、我が国も高齢化社会を迎え、高齢者の健康を考えると、この健康の社会的側面が重要さを増してきた。しかし、この定義の対象は、高齢者だけではなく、すべての人が対象となり、また、すべての人が健康を考える必要がある。この健康を維持するためには、食生活を考え、ストレスの蓄積を抑え、定期的な運動を行うなどの手段を講じる必要がある。ストレススコアによる出来事のベスト10を表1-1に示す。

　定期的な運動継続は、健康を維持する上で必要不可欠なものとなる。しかし、運動は、年少期に経験がない人は、その後、運動を行う機会を失いがちである。運動は、年少期から開始し、自分にあった運動種目を選択し、楽しさの中で定期的な運動を行う必要がある。

　健康に対する不安感の調査では、75%の人が自分の健康に何らかの不安を

表1-1 ストレススコアの出来事による順位

順位	出来事	生活変化単位値
1	配偶者の死	100
2	離婚	73
3	夫婦別居生活	65
4	拘置、拘留、または刑務所入り	63
5	肉親の死	63
6	けがや病気	53
7	結婚	50
8	解雇	47
9	夫婦の和解調停	45
10	退職	45

持っていることが調べられている。人の中にある健康は、WHOの定義のような理想的なものとしてあるのではなく、むしろ時々感じる不安として存在するようである。

　交通機関の発達による自動車の使用、職場の自動化、家庭の電化が進み、我が国の国民の生活活動強度は減少しつつある。その結果、日常生活の中だけでは、身体を動かす機会が少なくなり、スポーツをするなど、特別な努力をしなければ健康を保持・増進するための運動量が確保しにくいようになってきた。運動不安感は国民の間に広がり、特に30歳代の人々の約85％が運動不安感を持っている（図1-1）。それではなぜ運動をしないのかについては、その理由の最大のものは「忙しくて時間がない」が26％を占めている。

第1節 運動と健康

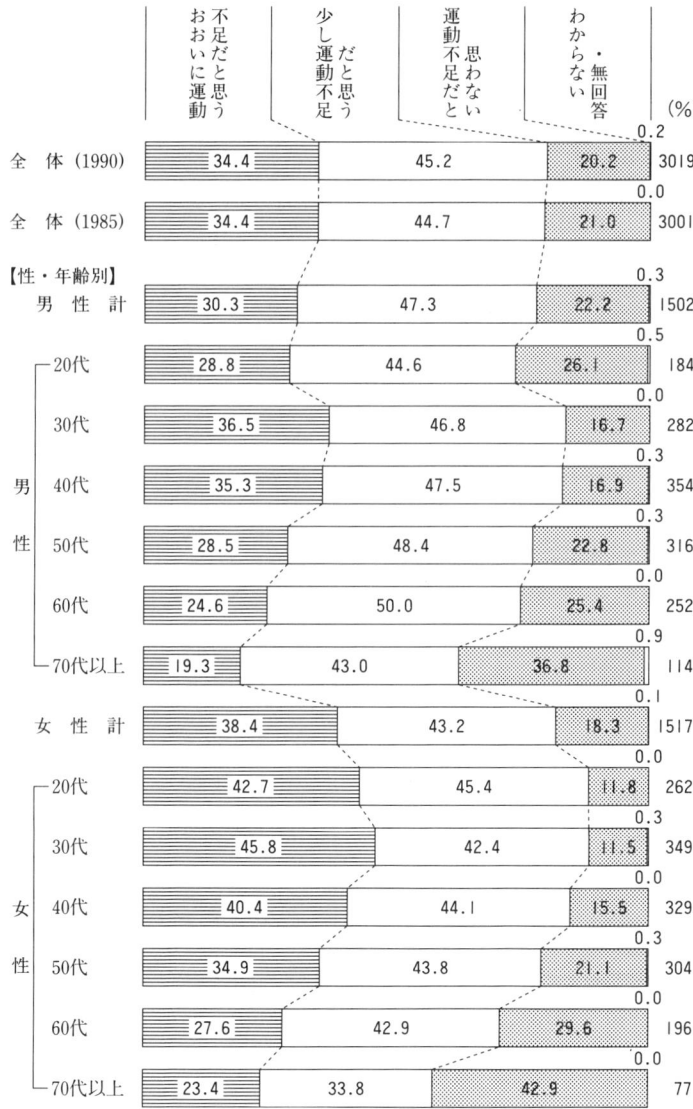

資料 ㈶健康・体力づくり事業財団「健康づくりに関する意識調査報告書」1990
図1-1 運動不足感の割合

第1章　現代社会における運動とその課題

第2節　健康と運動の社会的背景

§1　高齢化に伴う健康管理

　2004年推計の我が国の総人口は、1億2,761万人である。年平均人口増加率は、出生率の減少により戦後最低の0.1％を記録した。このため、年齢別人口は、若年層が減少して高齢者層が増える傾向が続いている（図1-2）。65歳以上の人口割合が総人口の7％を越えた国は老年の国と呼ばれているが、我が国の65歳以上の高齢者割合は、すでに19.3％に達しており、生産年齢人口

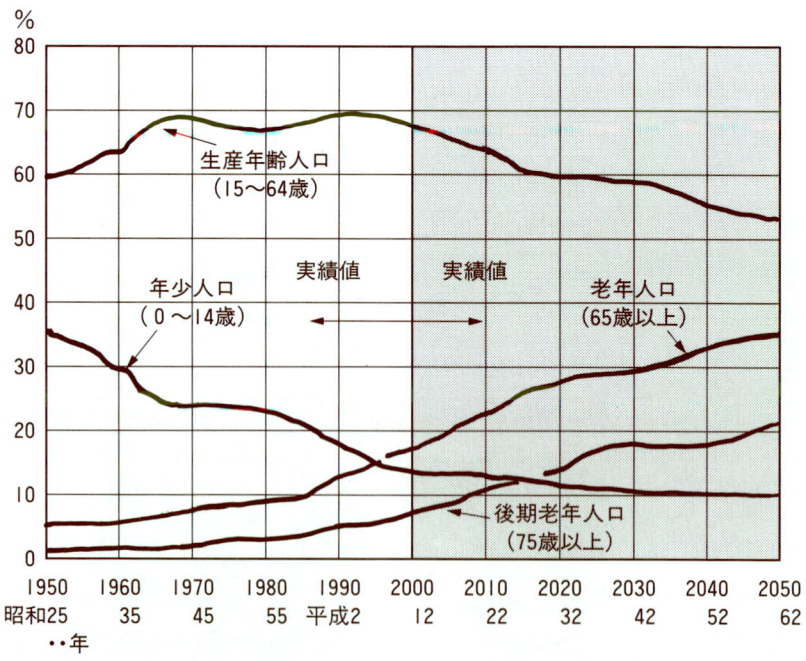

資料：昭和25年～平成12年は総務省統計局「国勢調査報告」「推計人口」、平成13年以後は国立社会保障・人口問題研究所「日本の将来推計人口」（平成14年1月推計）の中位推計値

図1-2　年齢3区分別人口構成割合の推移　昭和25～平成62年（1950～2050）

（15〜64歳）に対する高齢者の割合は、1対3.4となっている。また、我が国の人口の高齢化は諸外国に例を見ない速さで進行しており、高齢者の割合が7％から13％に達する所要年数を見ると、欧米諸国では45〜130年を要しているのに対し、我が国では、わずか23年で達している。今後、高齢化はさらに進み昭和22年から24年に生まれた第1次ベビーブーム世代が65歳以上になる平成27年（2015年）には20％を超えピークに達するものと予測されている。

人生80年時代といわれるが、単に寿命が延びたというだけではなく、真に一人一人が生きがいを持ち、健康で豊かで充実した生活を過ごせる長寿社会でなければあまり意味がない。高齢者は病気にかかりやすく、しかも慢性疾患が多い。それには、これまでの長年の生活様式や生活態度の影響が少なくない。現在の学生や働き盛りの世代の多くが感じている「運動不足」や「精神的ストレス」は、この点からも改善が図られるべきである（図1-3）。

健康で充実した高齢期を過ごすためには、高齢期のみならず、それ以前から、各自の健康管理への努力や保健、栄養、医療の諸施策が必要であるとともに、人生の各時期において、適度な運動・スポーツ・趣味・文化活動を行い、十分な休養のとれる生活が可能な環境・条件を整えることが重要である。

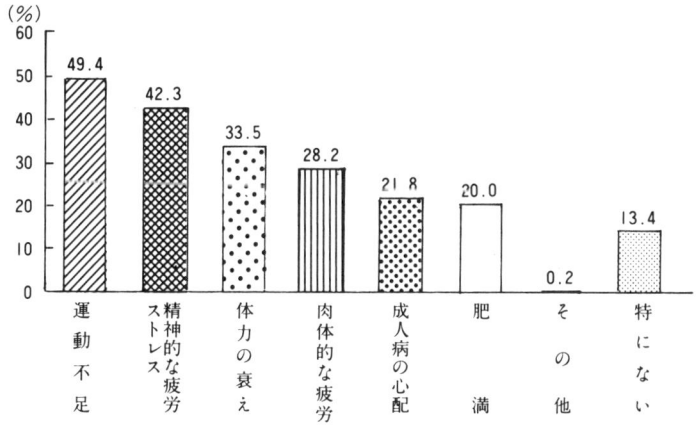

資料　総理府「戦後ベビーブーム世代の生活意識に関する世論調査」（平成元年3月）
図1-3　**健康意識調査**（複数回答）

§2　生活様式の変化と健康

人口の都市集中は著しく、人々の生活は大きく変化してきた。生活の豊かさと便利さが追求され、めざましい技術革新とあいまって、今日では物質的には、かなり充実してきている。

経済企画庁の「消費動向調査」によると、家事の関連では、電気洗濯機、電気掃除機、電気冷蔵庫は、現在では100％に近い普及である。また、テレビは昭和30年頃の登場以来急速に普及し、日本人のテレビ視聴時間は1日平均3時間を超えており、テレビのない家庭が話題になるくらいとなっている(表1-2)。食生活の面を考えてみると、国民の栄養所要量としてほぼ満たされており、総理府広報室の調査によると、9割の国民が食生活に満足しているという。しかし、栄養摂取状況をみると、エネルギー、脂肪、塩分の摂取過剰など、生活習慣病の要因になりやすい食生活の人が少なくない。

表1-2　テレビ視聴時間（週平均の1日の時間）

全　体	3時間23分	
	男	女
7歳～12歳	2時間07分	1時間51分
13～19	1時間59分	2時間05分
20代	2時間17分	2時間45分
30代	2時間44分	3時間29分
40代	3時間13分	3時間37分
50代	3時間50分	4時間34分
60歳以上	5時間03分	4時間56分

資料　NHK放送文化調査研究所「放送研究と調査」(1989年10月)
　　　"テレビ・ラジオ視聴の現状"NHK全国視聴調査 (1989年6月)

総務庁「社会生活基本調査」による国民の自由時間の動向をみると、余暇活動の配分時間は、週平均5時間30分、日曜日8時間となっており、年々増加している（表1-3）。この時間は、週休2日制の普及とともにいっそう増加し、その使われ方は、室外志向の自由時間量が室内時間量を上回る時代になると予測される。

表1-3 余暇活動の配分時間

年＼区分	平　日	土　曜	日　曜	週平均
56年 61年	4時間56分 5時間16分	5時間36分 6時間7分	7時間30分 8時間3分	5時間24分 5時間47分
56〜61年の増分	20分	31分	33分	23分

(注) 余暇活動への配分時間は、「移動」、「テレビ・ラジオ・新聞・雑誌」、「休養・くつろぎ」、「学習・研究」、「趣味・娯楽」、「スポーツ」、「社会奉仕」、「交際・つきあい」、「受診・療養」、「その他」の合計時間である。
資料　総務庁「社会生活基本調査」(1987年10月)

　生活の経済的ゆとりは、総務庁統計局「家計調査報告」で、収入に対する食料費の占める割合は、昭和45年で32.2％であったが、昭和62年では24.8％に減少している。アメリカが20.9％、フランスが37.3％、イギリスが29.9％であるから、我が国の生活水準は欧米と同じレベルである。食生活の不満感はないものといえる。

第3節　健康体力の現状

§1　体格・体力の推移
(1) 体格の推移

　体格の調査は、文部省が5歳から17歳までの児童生徒を対象に実施している「学校保健統計調査」があり、明治21年(1888年)に始められて以来、約100年にも及ぶ長い歴史がある。男子と女子の平均値を比べると、身長では10歳から11歳、体重では10歳から12歳で女子が男子を上回っている。
平成5年度(1993年)調査による身長、体重は次の通りである。
①身長
　男子の身長は、6歳(小学校1年生)で116.7cm、11歳(小学校6年生)で145.2cm、14歳(中学校3年生)で165.4cm、17歳(高等学校3年生)で170.7cmと170cmを超えており、20年前の昭和48年(1973年)と比べると、6歳で1.9cm、11歳で3.7cm、14歳で3.9cm、17歳で2.3cmとそれぞれ伸びている。

表1-4　身長の年次推移（cm）

	男				女			
	6歳	11	14	17	6歳	11	14	17
昭和38('63)	112.6	137.5	157.1	165.9	111.6	139.3	151.8	154.4
48('73)	114.8	141.5	161.5	168.4	114.0	143.7	154.5	156.0
58('83)	116.2	143.1	163.6	170.2	115.5	145.2	156.1	157.4
平成5('93)	116.8	144.7	165.0	170.7	116.0	146.5	156.6	158.0
15('03)	116.7	145.2	165.4	170.7	115.8	147.1	156.7	157.8

資料　旧文部省「学校保健統計調査」1994年、厚生労働省「国民栄養調査」2004年
　　　（財）厚生統計協会「国民衛生の動向」2004資料　文部省「学校保健統計調査」

　女子の身長は、6歳で115.8cm、11歳で147.1cm、14歳で156.7cm、17歳で157.8cmとなっており、昭和48年（1973年）と比べると、6歳で1.8cm、11歳で3.4cm、14歳で3.2cm、17歳で1.8cmそれぞれ伸びている（表1-4）。

②体重

　男子の体重は、6歳で21.7kg、11歳で39.4kg、14歳で55.4kg、17歳で63.5kgとなっており、昭和48年（1973年）と比べると、6歳で1.4kg、11歳で4.4kg、14歳で4.9kg、17歳で4.4kgとそれぞれ増えている。

　女子の体重は、6歳で21.2kg、11歳で40.0kg、14歳で50.9kg、17歳で53.5kgとなっており、昭和48年（1973年）と比べると、6歳で1.3kg、11歳で3.4kg、14歳で2.3kg、17歳で1.2kgとそれぞれ増えている（表1-5）。

表1-5　体重の年次推移

	男				女			
	6歳	11	14	17	6歳	11	14	17
昭和38('63)	19.3	31.5	46.6	56.7	18.8	32.9	45.8	50.8
48('73)	20.3	35.0	50.5	59.1	19.9	36.6	48.7	52.3
58('83)	21.0	36.5	52.8	61.1	20.7	37.7	49.4	52.4
平成5('93)	21.7	38.4	54.7	62.8	21.2	39.4	50.4	53.2
15('03)	21.7	39.4	55.4	63.5	21.2	40.0	50.9	53.5

資料　旧文部省「学校保健統計調査」1994年、厚生労働省「国民栄養調査」2004年
　　　（財）厚生統計協会「国民衛生の動向」2004資料　文部省「学校保健統計調査」

第3節 健康体力の現状

表1-6 児童・生徒の身長・体重・座高の平均値及び標準偏差

平成15年度('03)

	男						女					
	身長(cm)		体重(kg)		座高(cm)		身長(cm)		体重(kg)		座高(cm)	
	平均値	標準偏差	平均値	標準偏差	平均値	標準偏差	平均値	標準偏差	平均値	標準偏差	平均値	標準偏差
幼稚園5歳	110.8	4.7	19.2	2.8	62.1	2.9	110.0	4.7	18.8	2.7	61.7	2.9
小学校												
6歳	116.7	4.9	21.7	3.6	65.0	2.9	115.8	4.9	21.2	3.4	64.6	2.8
7歳	122.5	5.2	24.4	4.4	67.7	3.0	121.6	5.2	23.8	4.2	67.4	3.0
8歳	128.2	5.5	27.8	5.7	70.4	3.1	127.4	5.5	26.9	5.1	70.1	3.1
9歳	133.7	5.8	31.3	6.8	72.8	3.2	133.5	6.2	30.5	6.4	72.8	3.5
10歳	139.0	6.2	34.9	8.0	75.1	3.3	140.2	6.8	34.7	7.5	76.0	3.8
11歳	145.2	7.1	39.4	9.2	77.9	3.8	147.1	6.8	40.0	8.4	79.5	4.0
中学校												
12歳	152.6	8.1	45.1	10.5	81.3	4.5	152.1	6.0	44.8	8.7	82.2	3.6
13歳	160.0	7.7	50.3	10.7	85.0	4.5	155.1	5.4	48.1	8.3	83.8	3.2
14歳	165.4	6.7	55.4	10.7	88.1	4.0	156.7	5.3	50.9	8.1	84.8	3.0
高等学校												
15歳	168.6	6.0	60.4	11.3	90.1	3.5	157.2	5.3	52.3	8.5	85.2	3.0
16歳	170.0	5.8	62.2	10.8	91.0	3.3	157.7	5.3	53.4	8.5	85.4	3.0
17歳	170.7	5.7	63.5	10.6	91.5	3.2	157.8	5.3	53.5	8.4	85.4	3.0

資料 文部省「学校保健統計調査」

表1-7 身長・体重の平均値

平成14年度('02)

	男		女	
	身長(cm)	体重(kg)	身長(cm)	体重(kg)
1歳	80.2	10.9	78.8	10.1
2	88.6	12.6	88.1	12.0
3	96.6	15.0	96.6	14.6
4	103.4	16.6	101.3	16.1
5	110.9	19.1	108.4	18.4
6	115.4	20.6	115.3	20.5
7	122.2	25.1	121.5	23.1
8	127.2	26.0	126.4	25.9
9	133.3	30.5	133.3	30.0
10	139.0	35.4	139.2	34.3
11	143.1	37.5	146.0	38.9
12	153.6	45.4	150.4	42.0
13	159.8	50.0	154.2	45.5
14	164.5	54.8	157.7	49.6
15	167.8	58.8	157.2	53.9
16	170.0	61.1	157.6	51.7
17	171.3	62.2	158.0	50.2
18	169.6	59.8	156.0	50.1
19	171.4	62.8	158.2	54.4
20	171.7	59.3	159.3	49.8
21	170.5	52.3	156.1	49.4
22	171.0	64.3	159.8	50.7
23	170.1	64.4	158.6	52.6
24	171.2	64.1	157.6	49.8
25	170.8	66.4	158.7	49.6
26~29	171.5	68.1	158.7	52.1
30~39	170.9	69.4	157.9	52.8
40~49	169.3	68.5	156.3	54.9
50~59	166.2	65.8	153.2	54.3
60~69	163.1	62.9	150.2	53.9
70歳以上	160.1	59.0	146.3	50.1

資料 厚生労働省「国民栄養調査」2004年

全国平均の児童・生徒の身長・体重・胸囲・座高の平均値及び標準偏差を表1-6に示す。

年齢別身長・体重の平均値及び標準偏差を表1-7に示す。

(2) 体力の推移

国民の体力に関する調査では、「体力に自信がある」「体力は普通である」を含め、全体の約8割が体力は人並みかそれ以上であると認識している（図1-4）。

青少年の体力・運動能力テストでは、体格は向上しているものの、それに見合う体力の向上が認められないという指摘もある。

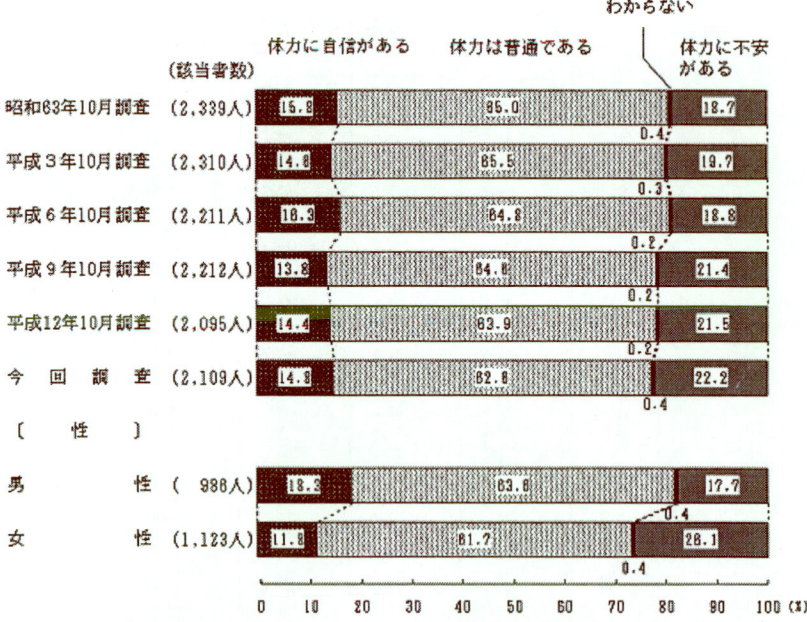

資料　内閣府大臣官房政府広報室　世論調査報告書　平成16年2月調査
図1-4　体力自信に関するアンケート

①体力テスト

　新体力テストの種目では、すべての年齢においても「反復横とび」(敏捷性)の伸びが著しいものの、「握力」の筋力、「上体そらし」、「長座体前屈」の柔軟性の測定項目は、昭和40年（1965年）とほぼ同じであるかあるいは劣っている。持久力の測定項目である「踏み台昇降運動」では、20歳の男子が昭和40年を下回っている。敏捷性、瞬発力を除く体力（筋力、柔軟性、持久力）は、男女とも体格の向上ほどには伸びは少ないといえる。男女別の体力の改善の度合いは、15歳でほぼ同じであるが、10歳と20歳では男子より女子の方が改善されている（表1-8）。

表1-8　新体力テスト（体力）

平成14年度('02)

	握力(kg)		上体おこし(回)		長座前屈(cm)		反復横とび(点)	
	男	女	男	女	男	女	男	女
6 歳	9.7	8.9	10.7	9.8	25.6	27.4	26.1	25.1
12	25.7	22.3	22.8	18.2	38.4	40.9	46.1	41.6
15	40.1	25.9	28.0	19.6	47.1	45.3	51.6	42.7
18	43.6	26.9	28.3	19.3	47.3	45.4	52.9	43.3
20～24	48.3	29.0	26.2	18.2	44.7	45.0	50.6	43.1
25～29	48.9	29.4	25.6	17.7	44.2	45.2	50.3	42.7
30～34	49.7	29.9	24.6	17.0	43.4	44.6	49.1	42.3
35～39	49.4	30.3	23.9	16.9	43.3	44.3	48.2	42.2
40～44	49.2	30.4	22.6	16.2	42.8	44.7	46.7	41.6
45～49	48.0	29.8	21.4	15.1	42.1	44.0	45.1	40.0
50～54	46.7	28.2	19.7	12.6	40.6	43.3	42.1	37.0
55～59	44.9	27.2	17.6	10.4	39.6	42.9	39.3	34.5
60～64	42.1	26.1	16.1	9.3	39.1	41.9	36.7	32.3
65～69	38.8	24.4	12.8	7.4	37.7	41.1		

②運動能力テスト

　運動能力テストでは、体力診断テストの「反復横とび」と相関が高いといわれる「50m走」が、どの年齢でも昭和40年より優れている。全種目を通してみると、男子は女子より向上の度合いが小さく、低下傾向である。15歳では、「50m走」、「持久力」は向上しているが、「立ち幅とび」、「ソフトボール投げ」の2種目で昭和40年より劣っている。20～24歳では、女子はすべての

表1-9 新体力テスト（運動能力）

	20mシャトルラン(折り返し数)		持久力・急歩(秒)		50m走(秒)		立ち幅とび(cm)		ソフトボール投げ(m)	
	男	女	男	女	男	女	男	女	男	女
6歳	15.7	14.0			11.6	11.9	115.2	104.4	9.2	5.8
12	65.2	47.1	432.0	301.1	8.6	9.1	180.6	158.9	19.0	12.5
15	79.4	44.4	385.9	312.8	7.6	9.1	216.9	163.9	25.5	14.1
18	79.1	43.8	398.3	327.8	7.5	9.3	229.6	165.4	26.2	14.3
20〜24	64.8	35.5	692.5	524.1			228.2	168.3		
25〜29	59.7	34.3	694.9	528.4			225.5	166.9		
30〜34	53.4	31.1	717.1	530.2			219.6	164.0		
35〜39	49.9	30.4	725.2	532.2			212.9	163.6		
40〜44	46.6	27.9	727.2	534.0			210.2	160.1		
45〜49	40.3	25.0	737.5	537.6			204.8	154.0		
50〜54	35.4	20.6	754.1	554.1			194.7	143.9		
55〜59	29.5	17.3	770.5	559.4			185.4	135.1		
60〜64	25.9	14.7	781.9	574.4			175.7	126.5		

資料　文部科学省「体力・運動能力調査報告」2002年

項目で向上しているが、男子は「50m走」、「ソフトボール投げ」を除くと昭和40年より劣っており、特に「持久走」の低下が著しい（表1-9）。

第4節 社会生活における健康・体力つくり

§1 余暇と健康

我が国の一人当たりの国民所得は、世界最高の水準に達するなど経済的に豊かさを得ている。それにもかかわらず、それに見合う生活の豊かさの実感が乏しい。真に豊かな暮らしを築くために、我々は余暇に対する関心を深める必要がある。

我々は余暇の楽しみ方及び余暇に何を求めているのか？ 多くの人が挙げたのは、友人や知人との交流を楽しみ、心の安らぎを得ることである。続い

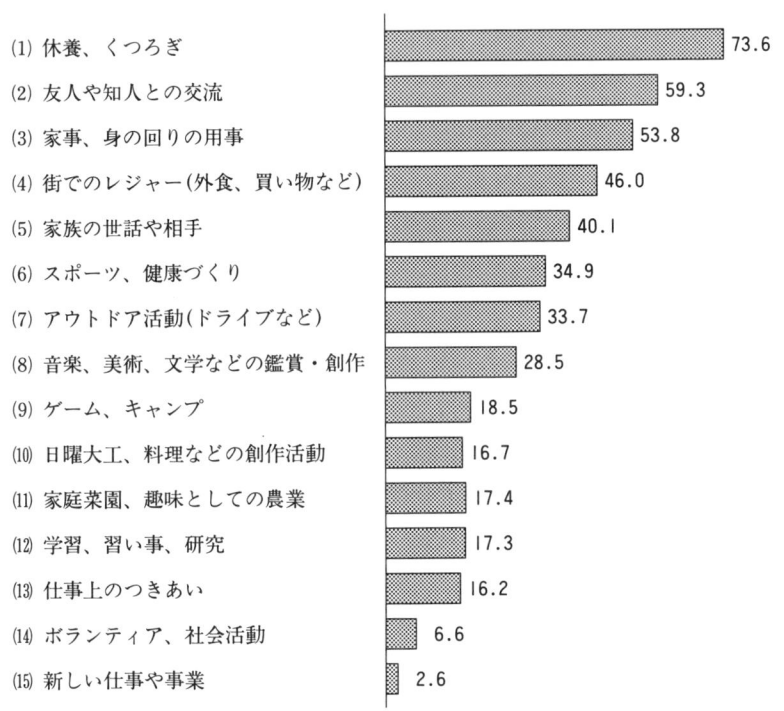

資料 (財)余暇開発センター「レジャー白書'95」1995
図1-5 日頃の自由な時間の使い方（複数回答）

て、体を休めること、健康や体力の向上をめざすこと、家族との交流を楽しむこと、自然に触れることなどを求めている。スリルを味わうこと、腕を競い競争すること、推理想像を楽しむことなどの求める人は少ない。上位の内容をみると、家族や友人との人間関係を良くすること、生活環境の中で安心した空間の確保、健康や体力への積極的挑戦などの要求が高い（図1-5）。

§2　余暇活動の現状

　余暇活動の特徴は、娯楽と観光・行楽関係の活動が多いことである。外食（日常的なものは除く）やカラオケバー・スナック・パブ・飲み屋といった外食産業への参加、宝くじやパチンコといったものは、お金の掛かる活動にもかかわらず参加人数は多く、昔からの気晴らしからの参加と考えられる。また、ドライブや国内観光旅行、催し物、博覧会を中心に、観光行楽活動も参加人数が多く、近年ブームとなっている温泉旅行が要因となっている（表1-10）。

表1-10　参加人口上位20位の余暇活動種目

順位	1992 余暇活動種目	万人	順位	1993 余暇活動種目	万人	順位	1994 余暇活動種目	万人
1	外食（日常的なものは除く）	6,850	1	外食（日常的なものは除く）	6,900	1	外食（日常的なものは除く）	6,950
2	国内観光旅行(避暑,避寒,温泉など)	6,170	2	ドライブ	6,150	2	国内観光旅行(避暑,避寒,温泉など)	6,360
3	ドライブ	5,810	3	国内観光旅行(避暑,避寒,温泉など)	6,080	3	ドライブ	6,160
4	カラオケ	5,360	4	カラオケ	5,810	4	カラオケ	5,890
5		4,460	5	動物園、植物園、水族館、博物館	4,690	5	動物園、植物園、水族館、博物館	4,590
6	動物園、植物園、水族館、博物館	4,330	6	ビデオの鑑賞（レンタルを含む）	4,610	6	ビデオの鑑賞（レンタルを含む）	4,520
7	ビデオの鑑賞（レンタルを含む）	4,300	7	バー、スナック、パブ、飲み屋	4,440	7	バー、スナック、パブ、飲み屋	4,490
8	音楽鑑賞(レコード、テープ、FMなど)	4,090	8	音楽鑑賞(レコード、テープ、FMなど)	4,340	8	音楽鑑賞(レコード、テープ、FMなど)	4,200
9	遊園地	3,960	9	遊園地	4,080	9	宝くじ	3,990
10	宝くじ	3,760	10	ボウリング	4,020	10	遊園地	3,930
11	トランプ、オセロ、カルタ、花札など	3,690	11	宝くじ	4,010	11	園芸、庭いじり	3,760
12	ボウリング	3,630	12	トランプ、オセロ、カルタ、花札など	3,820	12	ボウリング	3,720
13	ピクニック、ハイキング、野外散歩	3,490	13	ピクニック、ハイキング、野外散歩	3,770	13	トランプ、オセロ、カルタ、花札など	3,690
14	園芸、庭いじり	3,260	14	園芸、庭いじり	3,460	14	ピクニック、ハイキング、野外散歩	3,560
15	海水浴	3,160	15	体操（器具を使わないもの）	3,290	15	体操（器具を使わないもの）	3,240
16	体操（器具を使わないもの）	3,060	16	映画（テレビは除く）	3,130	16	海水浴	2,950
17	映画（テレビは除く）	2,910	17	テレビゲーム（家庭での）	2,990	17	パチンコ	2,920
18	パチンコ	2,900	18	パチンコ	2,920	18	パチンコ	2,850
19	テレビゲーム（家庭での）	2,680	19	催し物、博覧会	2,780	19	催し物、博覧会	2,820
20	催し物、博覧会	2,610	20	海水浴	2,700	20	映画（テレビは除く）	2,780

資料　㈶余暇開発センター「レジャー白書'95」1995

第4節　社会生活における健康・体力つくり

§3　運動・スポーツと健康体力つくり

　今日、運動不足と栄養の摂取過多が合間って様々な疾病がとりざたされている。こうした現状は大人の世界だけではない。都市化と文化の変化にともないテレビやテレビゲームなどの室内で遊べる活動が主流となり、運動時間の不足などで、青少年の心身の健全な発育環境に必要な身体的活動や人間関係の習得がなされていない指摘がある。このため、対人関係の未熟さや身体活動の不足にともなう肥満、糖尿病、高血圧などの生活習慣病やその予備軍が増加していることが危惧される。

　一方、全国のスポーツ少年少女団体員数は、100万人を超えており、一部スポーツでは勝敗にこだわるあまり障害の発生が指摘されている。このことは、大人のスポーツ実施者に対しても当てはまる。スポーツを実施する者と実施しない者のいずれにおいてもそれぞれ問題をかかげている。

　内閣府の「運動・スポーツの1年間の実施状況」調査では、運動とスポーツの実施状況の推移は年々上昇し、平成9年（1997年）にピークに達している。全体に約72%の人が、この一年間に何らかの運動・スポーツを実施している（図1-6）。

　年齢別では、20歳代、30歳代の約80%の者が何らかの運動・スポーツを実施しているが、30歳代を境として減少している。

　運動・スポーツの種目別に実施者数をみると、「軽い体操」、「水泳」、「ボウリング」、「運動としての散歩」、「野球」が上位を占めている。男女別では、男子で「運動としての散歩」に変わり「ソフトボール」が入り、女子では、「野球」に変わり「登山・ハイキング」が入っている。さらに、年齢別にみると、15～19歳の男女とも「バレーボール」が入り、20～24歳の男子で「テニス」が入り、女子では「テニス」、「スキー」が入っている。

　運動・スポーツは実施することの楽しみのほかに、人との触れ合い、その社会の接触が期待できる。それ故、人々が運動・スポーツを実施しながら人々との交流や施設利用にともなう社会の交流の機会が得られることが、運動・スポーツを実施する上で大変重要なことになる。

第1章 現代社会における運動とその課題

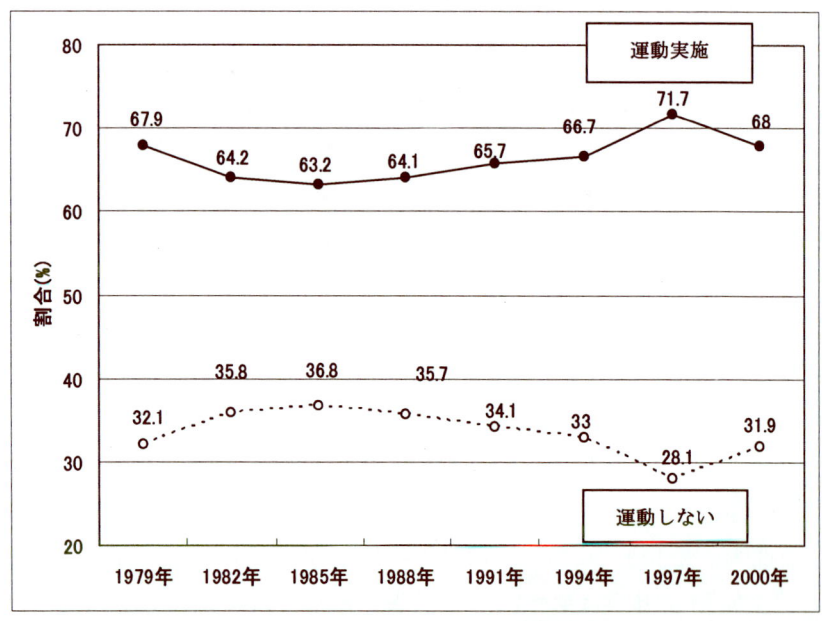

資料　内閣府大臣官房政府広報室　世論調査報告書　平成16年2月実施

図1-6　運動・スポーツの1年間の実施状況

参考引用文献

1) 厚生統計協会：「国民衛生の動向・厚生の指標 臨時増刊号」 2004
2) NHK放送文化調査研究所：「放送研究と調査」 1989
3) 総務庁統計局：「社会生活水準調査」 2004
4) 総務庁統計局：「社会生活水準調査」 1986
5) 総務庁：「体力・スポーツに関する世論調査」 1988
6) 総理府：「戦後ベビーブーム世代の生活意識に関する世論調査」 1989
7) 文部科学省体育局：「学校保健統計調査」 2003
8) 余暇開発センター：「レジャー白書'95」㈶余暇開発センター 1995
9) 健康・体力づくり事業財団：「健康づくりに関する意識調査報告書」 1990
10) 国立社会保障・人口問題研究所：「日本の将来推計人口」 2002
11) 内閣府大臣官房政府広報室：「世論調査報告、体力・スポーツに関する世論調査」 2004

MEMO

MEMO

MEMO

第2章　環境と健康

第1節　人口問題と環境変化

§1　日本の人口

　2004年推計によると日本の総人口は1億2,761万人、男子6,227万人、女子6,534万人である。前年増加率は、0.1%と年々下回っている。総務庁統計局が行っている国勢調査は、大正9年（1920年）から実施されているが、当時の人口は5,596万人と現在の約半数である。人口が1億人を超えたのは、昭和41年（1966年）で、その後、昭和46～49年（1971～1974）の第2次ベビーブーム期をピークに以後、出生率が年々減少してきた（表2-1）。

　総人口を年齢区分毎に分けた「年齢3区分別人口」割合は、平成15年で「年少人口」（0～14歳）が14.0%、「生産年齢人口」（15～64歳）が66.9%、「老年人口」（65歳以上）が19.0%である。出生率の低下にともない「年少人口」が

表2-1　わが国の人口の推移

	人口 (千人)	年平均増 加率(%)	人口密度 (1km²当り)	人口性比 (女100対男)
昭和25年（'50）	83 200	3.1	226	96.3
35（'60）	93 419	0.9	253	96.5
45（'70）	103 720	1.1	280	96.4
55（'80）	117 060	0.9	314	96.9
平成2（'90）	123 611	0.4	332	96.5
7（'95）	125 570	0.3	337	96.2
12（'00）	126 926	0.2	340	95.8
14（'02）	127 435	0.1	…	95.5
15（'03）	127 619	0.1	…	95.4

資料　総務省統計局「各年国勢調査報告」
　　　〃　　　　　「平成15年10月1日現在推計人口」
　　（財）厚生統計協会「国民衛生の動向」2004

減少し、「老年人口」が上昇している。大正9年の「老年人口」は5.3%であったが、昭和60年（1985年）に10%を超え、その後も上昇している（表2-2）。

表2-2　わが国の年齢3区分別人口と諸指標の推移

	年齢3区分別人口（千人）				年齢3区分別構成割合（%）				指　　　　　数			
	総数	年少人口 (0～14歳)	生産年齢人口 (15～64歳)	老年人口 (65歳以上)	総数	年少人口 (0～14歳)	生産年齢人口 (15～64歳)	老年人口 (65歳以上)	年少人口 指数	生産年齢 人口指数	従属人口 指数	老年化 指数
昭和25年('50)	83 200	29 428	49 658	4 109	100.0	35.4	59.7	4.9	59.3	8.3	67.5	14.0
35　('60)	93 419	28 067	60 002	5 350	100.0	30.0	64.2	5.7	46.8	8.9	55.7	19.1
45　('70)	103 720	24 823	71 566	7 331	100.0	23.9	69.0	7.1	34.7	10.2	44.9	29.5
55　('80)	117 060	27 507	78 835	10 647	100.0	23.5	67.3	9.1	34.9	13.5	48.4	38.7
平成2　('90)	123 611	11 486	85 904	14 895	100.0	18.2	69.5	12.0	26.2	17.3	43.5	66.2
7　('95)	125 570	20 014	87 165	18 261	100.0	15.9	69.4	14.5	23.0	20.9	43.9	91.2
12　('00)	126 926	18 505	86 380	22 041	100.0	15.6	68.1	17.4	21.4	25.5	46.9	119.1
14　('02)	127 435	18 102	85 706	23 628	100.0	14.2	67.3	18.5	21.1	27.6	48.7	130.5
15　('03)	127 619	17 905	85 404	24 311	100.0	14.0	66.9	19.0	21.0	28.5	49.4	135.8

資料　総務省統計局「各年国勢調査報告」「平成15年10月1日現在推計人口」
　　　(財)厚生統計協会「国民衛生の動向」2004
注　1）総数には年齢不詳を含む

2）$\text{年少人口指数} = \dfrac{\text{年少人口}}{\text{生産年齢人口}} \times 100$　　$\text{老年人口指数} = \dfrac{\text{老年人口}}{\text{生産年齢人口}} \times 100$

$\text{従属人口指数} = \dfrac{\text{年少人口}+\text{老年人口}}{\text{生産年齢人口}} \times 100$　　$\text{老年化指数} = \dfrac{\text{老年人口}}{\text{年少人口}} \times 100$

（1）人口ピラミッド

　人口ピラミッドは、性、年齢別人口構成を、人口数と性を横軸に、年齢を縦軸にとり、左側に男子、右側に女子を図示したものである（図2-1）。人口ピラミッドの形状は、国、地域の人口構造の特徴を示し、五つの基本的な型がある。

　富士山型（ピラミッド型）は、高い出生率と高い死亡率にともない、人口の増加型を示す型であり、昭和20年（1945年）頃までの日本の人口構成である。

　つりがね型は、富士山型と正反対の傾向であり、低い出生率と低い死亡率を示す人口構成の型である。

　つぼ型は、非常に低い出生率と低い死亡率の結果、人口が減少している減退型を示す。

　星型は、都市型ともいわれ、生産年齢人口の割合が高く、老人が少ない型

第1節 人口問題と環境変化

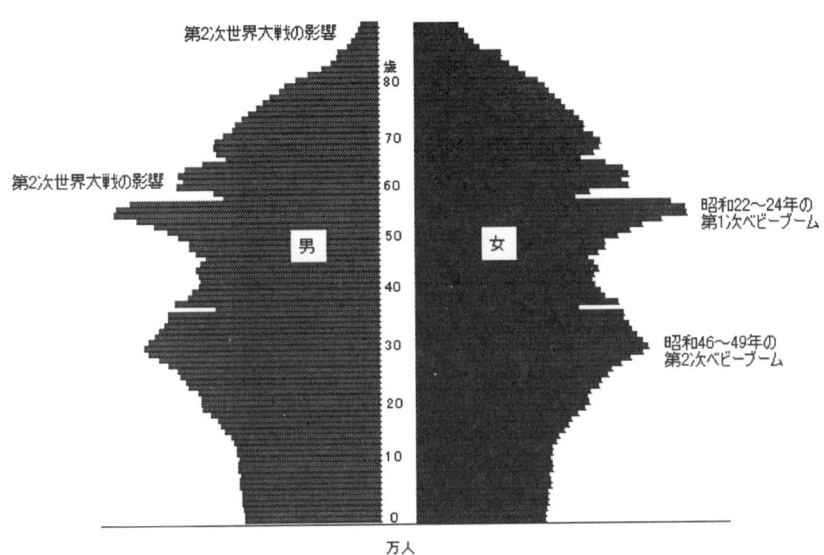

資料 総務省統計局「平成15年10月1日現在推計人口」
　　 (財)厚生統計協会「国民衛生の動向」2004
注 90歳以上人口(男22万7千人、女70万4千人)については、年齢別人口が算出できないため、省略した。

図2-1　わが国の人口ピラミッド

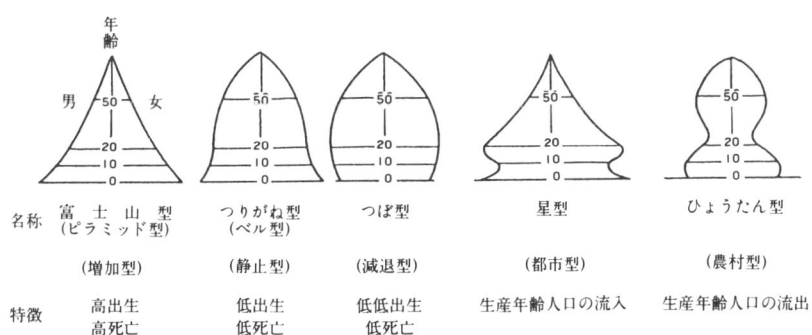

資料 「衛生公衆衛生学」南江堂 (1990年)

図2-2　人口構成とピラミッド

を示す。

　ひょうたん型は、都市に生産年齢人口が移動してしまった結果、取り残された年少者と老人が多くなった型を示す農村の型である。

　日本の人口ピラミッドは、戦前は富士山型を示していたが、現在では戦後の第1及び第2次のベビーブーム及び急激な出生率の減少により、つぼ型とひょうたん型の中間の形状を示している（図2-2）。

（2）日本人口の推移

　昔の日本の人口は、弥生時代は60万人、奈良・平安時代は600～700万人、慶長5年（1600年）には1,230万人、江戸時代は、3,000万人前後を推移していたと考えられる。吉村によると戸口が明治5年（1872年）に調査したところ、3,480万人であったと報告されていると述べている。

　現在の日本の人口は増加傾向にあるが、将来の日本人口は、表2-3に示すとおり、平成18年（2006年）頃ピークに達し、その後次第に減少傾向をたどり、2010年頃には、現在の人口に戻ると予想されている。老年人口の割合は、「人口の老年化」が急速に進むことが予想される。一方、年少人口の割合は減少し、2020年で老年人口と比べると、12対28と、子ども1人に対し老人2.3人と過去の構成と大きく逆転することが予想される。子どもの数が減り老人の数は増えることになる。

表2-3　将来推計人口

平成12～62年（2000～2050）

	人口（千人）		年齢3区分割合(%)			指　数(%)			
	総数	うち65歳以上	0～14歳	15～64歳	65歳以上	年少人口	生産年齢人口	従属人口	老年人口
平成12年('00)	126 926	22 041	14.6	68.1	17.4	21.4	25.5	46.9	119.1
22 ('10)	127 473	28 735	13.4	64.1	22.5	20.9	35.2	56.1	168.3
32 ('20)	124 107	34 559	12.2	60.0	27.8	20.3	46.4	66.7	228.9
42 ('30)	117 580	34 770	11.3	59.2	29.6	19.0	50.0	69.0	262.7
52 ('40)	109 338	36 332	11.0	55.8	33.2	19.7	59.6	79.3	302.3
62 ('50)	100 593	35 863	10.8	53.6	35.7	20.1	66.5	86.7	330.8

資料　国立社会保障・人口問題研究所「日本の将来推計人口（平成14年1月推計）」
　　　（財）厚生統計協会「国民衛生の動向」2004資料

§2 世界の人口
(1) 世界人口の現状

国連の推計による2004年の世界人口は、約63億人である。紀元元年頃の世界人口は、2億5千万人ほどとされていたが、1650年頃には5億5千万人と1600年で約2倍に増加した。その後も人口増加率は1％を超えることはなかった。しかし、今日のような急激な世界人口の増加は、第2次世界大戦以後、深刻な問題を提起するようになった。第2次大戦後、いちじるしく人口

表2-4　世界人口の推移と将来予測

	世界全域		先進地域[1]		発展途上地域[2]	
	年央推計人口(100万人)	年平均増加率(%)	年央推計人口(100万人)	年平均増加率(%)	年央推計人口(100万人)	年平均増加率(%)
1950年	2 519		814	...	1 706	...
55	2 755	...	864	1.20	1 891	2.06
60	3 020	1.79	916	1.17	2 104	2.14
65	3 334	1.84	967	1.09	2 366	2.35
70	3 691	1.98	1 008	0.83	2 683	2.51
		2.04				
75	4 066	1.93	1 048	0.78	3 017	2.35
80	4 430	1.72	1 083	0.65	3 347	2.07
85	4 825	1.71	1 115	0.59	3 710	2.06
90	5 255	1.71	1 148	0.59	4 106	2.03
95	5 662	1.49	1 174	0.44	4 488	1.78
		1.35				
2000	6 057	1.23	1 191	0.30	4 865	1.62
5	6 441	1.16	1 201	0.16	5 240	1.48
10	6 826	1.09	1 208	0.12	5 617	1.39
15	7 207	1.01	1 214	0.09	5 994	1.30
20	7 579	0.92	1 218	0.06	6 362	1.19
25	7 937	0.82	1 219	0.02	6 718	1.09
30	8 270	0.73	1 217	△ 0.04	7 054	0.98
35	8 576	0.64	1 211	△ 0.09	7 365	0.86
40	8 855	0.56	1 202	△ 0.14	7 652	0.77
45	9 105	0.47	1 192	△ 0.17	7 913	0.67
50	9 322		1 181	△ 0.19	8 141	0.57

資料　UN「World Population Prospects The 2000 Revision」
　　　(財)厚生統計協会「国民衛生の動向」2004
注　1) ヨーロッパ、北部アメリカ(合衆国とカナダ)、日本、オーストラリア、ニュージーランドからなる地域
　　2) 先進地域以外の地域

が増加し、表2-4に示すように1950年に25億人の世界人口であったものが、年平均人口増加率が1.7～2.0％に増し、1990年には約2倍の53億人に達した。さらに、1994年中には60億人を突破し、2020年には現在の約1.5倍の世界人口に達するといわれている。年平均人口増加率は、先進地域で0.1～0.4％であるが、発展途上国では2.0％と大きな差がある。

（2）国別の人口割合

世界人口の分布を国別でみると、2000年の世界人口60億5,672万人に対して、1位が中国の12億7,513万人、2位がインドの10億0,894万人、3位がアメリカ合衆国の2億8,323万人となっている。1位の中国と2位のインドで世界人口の38％を占めていることになる。日本は9位である（表2-5）。地域別の人口は、アジア地域が最も多く58％と世界人口の半数以上を占めている。アフリカ地域12％、ヨーロッパ地域、10％、北米地域8.3％、南米地域5.6％である。

表2-5　人口順位10位までの国の人口

平成12年（'00）年央人口

	順位	推計人口（万人）	人口増加率（％）	人口密度（1kg当たり）	世界人口に対する割合（％）
世　　界	—	605 672	1.4	45	100.0
中　　国	1	127 513	1.0	133	21.1
イ　ン　ド	2	100 894	1.8	305	16.7
アメリカ合衆国	3	28 323	1.1	29	4.7
インドネシア	4	21 209	1.5	111	3.5
ブ ラ ジ ル	5	17 041	1.4	20	2.8
ロ シ ア	6	14 550	△ 0.2	9	2.4
パ キ ス タ ン	7	14 126	2.6	173	2.3
バングラデシュ	8	13 744	2.2	954	2.3
日　　本	9	12 693	0.3	336	2.1
ナイジェリア	10	11 386	2.9	125	1.9

資料　UN「Demographic Yearbook The 2000」
　　　（財）厚生統計協会「国民衛生の動向」2004
注　人口増加率は、1995～2000年平均年間人口増加率である。

第2節　出生と死亡の変化

§1　出生の動向

　日本の出生数と合計特殊出生率は、平成15年（2003年）の出生数が112万人、出生率（人口千人対）が8.9%、合計特殊出生率が1.29である。

　第2次ベビーブームの昭和48年（1973年）の出生数が209万人と比べると、現在の出生数は約4割の減少であり、合計特殊出生率も2.14と一家族に子どもが2人いたことになる。しかし、現在は、1人に限りなく近い状態となっている（表2-6）。

　合計特殊出生率は、昭和50年に2.00を下回ってから低下を続け、今日では史上最低の1.29である。

表2-6　出生数・出生率・再生産率の年次推移

	出生数	出生率（人口千対）	合計特殊出生率	総再生産率	純再生産率
昭和25年（'50）	2 337 507	28.1	3.65	1.77	1.50
35 （'60）	1 606 041	17.2	2.00	0.97	0.92
45 （'70）	1 934 239	18.8	2.13	1.03	1.00
55 （'80）	1 576 889	13.6	1.75	0.85	0.83
平成2 （'90）	1 221 585	10.0	1.54	0.75	0.74
7 （'95）	1 187 064	9.6	1.42	0.69	0.69
8 （'96）	1 206 555	9.7	1.43	0.69	0.69
9 （'97）	1 191 665	9.5	1.39	0.68	0.67
10 （'98）	1 203 147	9.6	1.38	0.67	0.67
11 （'99）	1 177 669	9.4	1.34	0.65	0.65
12 （'00）	1 190 547	9.5	1.36	0.66	0.65
13 （'01）	1 170 662	9.3	1.33	0.65	0.64
14 （'02）	1 153 855	9.2	1.32	0.64	0.64
15 （'03）	1 123 828	8.9	1.29	…	…

資料　厚生労働省「人口動態統計」、国立社会保障・人口問題研究所「人口統計資料集」
　　　（財）厚生統計協会「国民衛生の動向」2004
注　昭和25～41年は総人口を、昭和42以降は日本人人口を分母に用いている。

このような出生率の低下の一つの原因として挙げられることは、30歳を中心とした若年層の未婚率の上昇や婚姻年齢の上昇などである。昭和25年（1950年）には、母の第1子を産む年齢が、24.4歳であったものが、42年後の平成14年（2002年）には28.3歳と3.9歳上昇している。

§2 再生産率

再生産率とは、出産可能な女子の年齢（15〜49歳）層をいい、再生産年齢にある女子が何人の子どもを産むかを表す。これらの割合の表し方には、合計特殊出生率、総再生産率、純再生産率の3種類がある（表2-6）。

（1）合計特殊出生率

15〜49歳までの女子の年齢別出生率を合計したもので、1人の女子が仮にその年次の年齢別出生率で一生の間に産むとしたときの平均の子ども（男女）の人数を示す。

（2）総再生産率

子どもの性別に関係ない合計特殊出生率と異なり、産まれてくる子どもが女児だけを対象に算出したもので、一人の女子が年次の年齢別出生率で一生に産む女児の平均人数を示す。

（3）純再生産率

純再生産率は総再生産率に加え、産まれてきた女児がその母親の年齢に達する確立を考慮にいれた数値である。

これらの率の間には、合計特殊出生率＞総再生産率＞純再生産率の関係がある。平成14年（2002年）はそれぞれ、1.32、0.64、0.64である。純再生産率が1を上回ると将来人口は増加するが、1を下回ると人口は1世代後に減少することになる。

$$純再生産率 \begin{cases} 1 < 人口増加 \\ 1 = 人口一定 \\ 1 > 人口減少 \end{cases}$$

昭和49年（1974年）に純再生産率が1を下回り、0.97に達した時点から約

1世代後に人口の減少が始まると言われているが、実際には30年強で減少が始まっている（表2-3、2-6）。

§3 死亡の動向

死亡率には、粗死亡率と年齢調整死亡率とがある（表2-7）。

(1) 粗死亡率

死亡率は一定期間の死亡率の割合をいうが、人口千人に対して単純に死亡者の割合を算出した値が粗死亡率である。

明治から大正にかけての粗死亡率は、20台で推移してきた。昭和に入ってはじめて20を割り、昭和10年（1935年）には16.8、昭和25年（1950年）には10.9に低下した。その後も下がり続け、昭和54年（1979年）には6.0まで低下した。しかし、その後、老年人口の増加とともに徐々に上昇に転じている。

(2) 年齢調整死亡率

死亡率は年齢によって異なるので、年齢階級から構成される人口集団の死亡率を、ただ1種類の数値で表現すると矛盾が生ずる。高齢者が多い地域では死亡者が多いが、逆のケースでは少なくなり、年齢間の死亡をどう扱うか

表2-7 粗死亡率・年齢調整死亡率（人口千対）の推移

	粗死亡率			年齢調整死亡率	
	総数	男	女	男	女
昭和25年('50)	10.9	11.4	10.3	18.6	14.6
35 ('60)	7.6	8.2	6.9	14.8	10.4
45 ('70)	6.9	7.7	6.2	12.3	8.2
55 ('80)	6.2	6.8	5.6	9.2	5.8
平成2 ('90)	6.7	7.4	6.0	7.5	4.2
7 ('95)	7.4	8.2	6.6	7.2	3.8
12 ('00)	7.7	8.6	6.8	6.3	3.2
14 ('02)	7.8	8.7	6.9	6.0	3.0
15 ('03)	8.0	9.0	7.2	...	...

資料 厚生労働省「人口動態統計」
　　（財）厚生統計協会「国民衛生の動向」2004
注 年齢調整死亡率の基準人口は「昭和60年モデル人口」であり、年齢
　 5階級別死亡率により算出した。

が問題となる。そこで年齢調整死亡率が使われる。

年齢調整死亡率は、年齢階級別に死亡率を算出し、基準人口と比較する方法である。その結果、ある集団の年齢構成の違いによって出てくる死亡率の差は除かれる。この時の基準人口は、「昭和60年（1985年）モデル人口」が用いられる。

年齢調整死亡率の推移をみると、昭和54年（1979年）には男子が10.9、女子が7.2に対して、以後、年々減少し、平成14年（2002年）にはそれぞれ6.0と3.0にまで低下している。これは粗死亡率と反対の傾向を示している。

(3) 死亡の死因

日本人の3大死因は、悪性新生物（癌）、心疾患（虚血性心疾患、心不全、慢性心疾患を含む）、脳血管疾病である（表2-8、図2-3）。

年次による推移は、悪性新生物が昭和56年（1981年）から1位となり、その後も続いている。脳血管疾患は、昭和55年（1980年）以前は1位であったが、以後に3位になり、低下傾向を維持し、4位の死因である肺炎及び気管

表2-8 死因順位第10位までの死因別死亡の状況

平成15年（'03）

死因順位	死因	死亡数 平成15年（'03）	14（'04）	差引増減（h15-h14）	死亡率(人口10万対) h 15年（'03）	14（'02）	対前年比(h14=100)	死亡総数に対する割合(%) h 15（'03）	14（'02）
	全死亡	1 015 034	982 379	32 655	804.7	779.6	103.2	100.0	100.0
第1位	悪性新生物	309 465	304 568	4 897	245.3	241.7	101.5	30.5	31.0
2	心疾患	159 406	152 518	6 888	126.4	121.0	104.5	15.7	15.5
3	脳血管疾患	132 044	130 257	1 787	104.7	103.4	101.3	13.0	13.3
4	肺炎	94 900	87 421	7 479	75.2	69.4	108.4	9.3	8.9
5	不慮の事故	38 688	38 643	45	30.7	30.7	100.0	3.8	3.9
6	自殺	32 082	29 949	2 133	25.4	23.8	106.7	3.2	3.0
7	老衰	23 446	22 682	764	18.6	18.0	103.3	2.3	2.3
8	腎不全	18 797	18 185	612	14.9	14.4	103.5	1.9	1.9
9	肝疾患	15 729	15 490	239	12.5	12.3	101.6	1.5	1.6
10	慢性閉塞性肺疾患	13 617	13 021	596	10.8	10.3	104.5	1.3	1.3

資料　厚生労働省「人口動態統計」
　　　（財）厚生統計協会「国民衛生の動向」2004

第2節　出生と死亡の変化

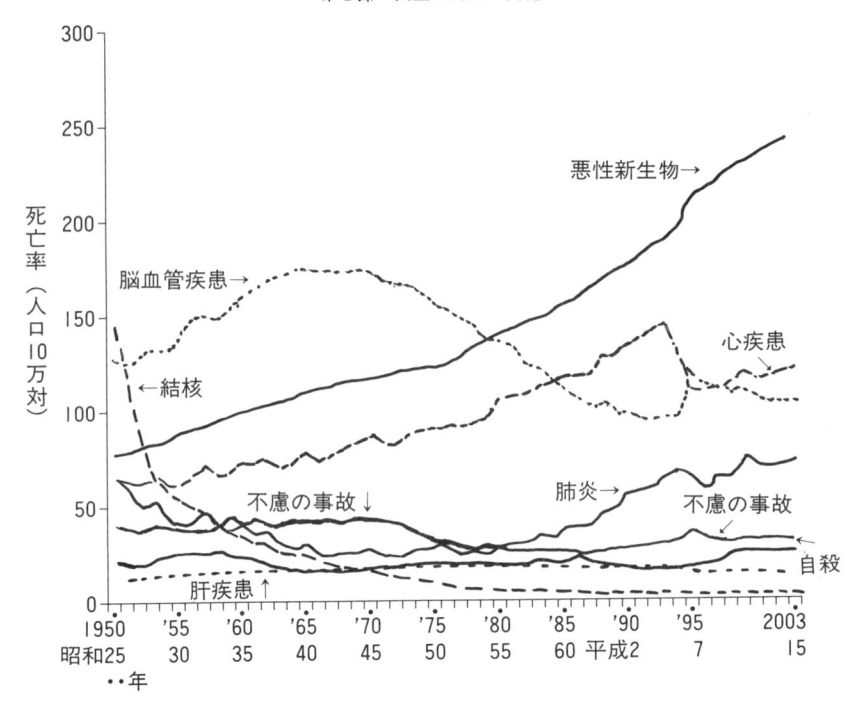

図2-3　主要死因別にみた死亡率（人口10万対）の推移

資料　厚生労働省「人口動態統計」
　　　(財)厚生統計協会「国民衛生の動向」2004

支炎が迫っている（表2-9、2-10、2-11）。

（4）50歳以上の死亡割合（PMI）

　PMIとは、全死亡のうちで50歳以上の占める死亡割合の数値である。若年層の死亡が多いか、50歳以上の年齢の死亡が多いかによって衛生状態をあらわすものである。特に、発展途上国地域で資料が得られない国などの生活水準の比較に使われる。

32 第2章 環境と健康

表2-9 死因順位・死亡率(人口10万対)、性年齢階級別（総数）

総数

死因順位	第1位 死因	死亡率	第2位 死因	死亡率	第3位 死因	死亡率	第4位 死因	死亡率	第5位 死因	死亡率
総数	悪性新生物	241.7	心疾患	121.0	脳血管疾患	103.4	肺炎	69.4	不慮の事故	30.7
0歳	先天異常	1204.0	周産期呼吸障害	43.9	乳幼児突然死	21.9	不慮の事故	14.5	出血性障害	12.7
1～4	不慮の事故	6.3	先天異常	4.4	悪性新生物	2.2	心疾患	1.6	肺炎	1.4
5～9	不慮の事故	4.7	悪性新生物	1.8	その他新生物	0.7	心疾患	0.7	先天異常	0.7
10～14	不慮の事故	2.8	悪性新生物	2.1	心疾患	0.7	先天異常	0.6	自殺	0.6
15～19	不慮の事故	12.7	自殺	5.8	悪性新生物	3.3	心疾患	1.8	先天異常	0.7
20～24	自殺	15.1	不慮の事故	14.1	悪性新生物	3.6	心疾患	2.9	脳血管疾患	0.8
25～29	自殺	17.3	不慮の事故	10.7	悪性新生物	5.7	心疾患	4.0	脳血管疾患	1.2
30～34	自殺	19.9	悪性新生物	10.8	不慮の事故	9.7	心疾患	6.1	脳血管疾患	2.9
35～39	自殺	21.8	悪性新生物	19.7	心疾患	10.1	不慮の事故	9.6	脳血管疾患	5.4
40～44	悪性新生物	39.1	自殺	26.2	心疾患	15.3	脳血管疾患	11.5	不慮の事故	11.1
45～49	悪性新生物	76.2	自殺	30.8	心疾患	24.6	脳血管疾患	19.7	不慮の事故	14.8
50～54	悪性新生物	145.2	心疾患	40.4	自殺	39.2	脳血管疾患	32.5	不慮の事故	19.7
55～59	悪性新生物	227.7	心疾患	58.6	脳血管疾患	46.4	自殺	44.1	不慮の事故	24.8
60～64	悪性新生物	340.7	心疾患	90.1	脳血管疾患	66.3	自殺	36.9	不慮の事故	31.5
65以上	悪性新生物	972.8	心疾患	553.6	脳血管疾患	484.4	肺炎	353.7	不慮の事故	102.8
80以上	悪性新生物	1 644.7	心疾患	1 536.2	脳血管疾患	1 368.9	肺炎	1 153.2	老衰	406.5
90以上	心疾患	3 327.3	脳血管疾患	2 810.0	肺炎	2 786.7	悪性新生物	2 036.3	老衰	1 684.1

資料　厚生労働省「人口動態統計」
　　　(財)厚生統計協会「国民衛生の動向」2004

表2-10 死因順位・死亡率(人口10万対)、性年齢階級別（総数）

男

死因順位	第1位 死因	死亡率	第2位 死因	死亡率	第3位 死因	死亡率	第4位 死因	死亡率	第5位 死因	死亡率
総数	悪性新生物	298.8	心疾患	121.7	脳血管疾患	101.0	肺炎	76.4	不慮の事故	37.4
0歳	先天異常	115.5	周産期呼吸障害	48.7	乳幼児突然死	25.6	不慮の事故	16.5	出血性障害	14.5
1～4	不慮の事故	7.8	先天異常	4.4	悪性新生物	1.9	心疾患	1.8	肺炎	1.3
5～9	不慮の事故	5.7	悪性新生物	2.1	心疾患	0.8	先天異常	0.7	肺炎	0.6
10～14	不慮の事故	3.7	悪性新生物	2.5	心疾患	0.8	先天異常	0.8	自殺	0.5
15～19	不慮の事故	19.6	自殺	7.6	悪性新生物	4.1	心疾患	2.4	他殺	0.6
20～24	不慮の事故	21.8	自殺	21.3	心疾患	4.4	悪性新生物	3.9	脳血管疾患	0.8
25～29	自殺	23.7	不慮の事故	17.2	心疾患	6.0	悪性新生物	5.5	脳血管疾患	1.5
30～34	自殺	28.2	不慮の事故	15.6	悪性新生物	9.7	心疾患	9.0	脳血管疾患	3.6
35～39	自殺	31.5	悪性新生物	16.8	心疾患	15.1	不慮の事故	15.1	脳血管疾患	7.9
40～44	悪性新生物	42.3	自殺	34.7	心疾患	24.1	不慮の事故	17.4	脳血管疾患	15.9
45～49	悪性新生物	78.8	自殺	49.6	心疾患	38.3	脳血管疾患	26.3	不慮の事故	23.4
50～54	悪性新生物	168.0	心疾患	64.4	自殺	62.3	脳血管疾患	44.3	不慮の事故	30.3
55～59	悪性新生物	293.5	心疾患	93.2	自殺	71.0	脳血管疾患	63.4	不慮の事故	38.2
60～64	悪性新生物	67.0	心疾患	136.9	脳血管疾患	91.1	自殺	57.8	不慮の事故	48.2
65以上	悪性新生物	1 391.8	心疾患	585.0	脳血管疾患	517.3	肺炎	444.1	不慮の事故	132.9
80以上	悪性新生物	2 568.2	肺炎	1 715.5	心疾患	1 694.5	脳血管疾患	1 578.7	老衰	337.5
90以上	肺炎	4 317.1	心疾患	3 633.8	悪性新生物	3 264.3	脳血管疾患	3 067.6	老衰	1 534.3

資料　厚生労働省「人口動態統計」
　　　(財)厚生統計協会「国民衛生の動向」2004

第2節　出生と死亡の変化

表2-11　死因順位・死亡率(人口10万対)、性年齢階級別（総数）
女

死因順位	第1位 死因	死亡率	第2位 死因	死亡率	第3位 死因	死亡率	第4位 死因	死亡率	第5位 死因	死亡率
総数	悪性新生物	187.1	心疾患	120.4	脳血管疾患	105.6	肺炎	62.7	老衰	25.6
0歳	先天異常	125.5	周産期呼吸障害	38.7	乳幼児突然死	18.0	不慮の事故	12.3	心疾患	11.9
1～4	不慮の事故	4.7	先天異常	4.3	悪性新生物	2.6	心疾患	1.9	肺炎	1.1
5～9	不慮の事故	3.6	悪性新生物	1.5	その他の新生物	0.9	先天異常	0.6		
10～14	不慮の事故	1.9	悪性新生物	1.8	先天異常	0.8	心疾患	0.6	自殺	0.4
15～19	不慮の事故	5.5	自殺	3.9	悪性新生物	2.6	心疾患	1.2	先天異常	0.8
20～24	自殺	8.6	不慮の事故	6.1	悪性新生物	3.2	心疾患	1.3	脳血管疾患	0.8
25～29	自殺	10.6	悪性新生物	6.0	不慮の事故	3.9	心疾患	1.8	脳血管疾患	0.9
30～34	悪性新生物	11.9	自殺	11.4	不慮の事故	3.6	心疾患	3.1	脳血管疾患	2.2
35～39	悪性新生物	22.7	自殺	11.8	心疾患	5.1	不慮の事故	3.9	脳血管疾患	2.9
40～44	悪性新生物	43.5	自殺	9.8	脳血管疾患	6.9	心疾患	6.3	不慮の事故	4.7
45～49	悪性新生物	73.7	脳血管疾患	13.0	自殺	11.9	心疾患	10.9	不慮の事故	6.1
50～54	悪性新生物	122.5	脳血管疾患	20.7	心疾患	16.6	自殺	16.2	不慮の事故	9.2
55～59	悪性新生物	163.9	脳血管疾患	30.0	心疾患	25.1	自殺	18.1	不慮の事故	11.9
60～64	悪性新生物	221.7	心疾患	46.0	脳血管疾患	46.0	自殺	17.2	不慮の事故	15.7
65以上	悪性新生物	667.7	心疾患	530.6	脳血管疾患	460.5	肺炎	287.9	老衰	120.8
80以上	心疾患	1 462.6	脳血管疾患	1 271.3	悪性新生物	1 215.0	肺炎	891.5	老衰	438.7
90以上	心疾患	3 232.3	脳血管疾患	2 730.2	肺炎	2 291.1	老衰	1 735.6	悪性新生物	1 638.4

資料　厚生労働省「人口動態統計」
　　　(財)厚生統計協会「国民衛生の動向」2004

第3節　生命表

§1　平均余命と平均寿命

生命表は、集団の人口と死亡の統計を資料にし、死亡減少していく状態を各年齢の生命関数を用いてあらわしたものである。

平均余命は、各年齢の生存者が、平均してあと何年生きられるかをあらわしたものである。平均寿命は、0歳の平均余命である。

§2　平均寿命の動向

平均寿命は、明治中期の男子が42.8歳、女子が44.3歳であり大正の末期まで50歳を超えることはなかった。平均寿命が50歳を超えたのは、第2次世界大戦以後のことである。その後、着実に上昇し、平成15年（2003年）には男子78.36歳、女子85.33歳に達した（表2-12）。

表2-12　平均寿命の推移

			男	女
大正10〜14年		('21)	42.06	43.20
昭和	10年	('35)	46.92	49.63
	22	('47)	50.06	53.96
	25	('50)	58.00	61.50
	35	('60)	65.32	70.19
	45	('70)	69.31	74.66
	55	('80)	73.35	78.76
平成	2	('90)	75.92	81.90
	7	('95)	76.38	82.85
	12	('00)	77.72	84.60
	14	('02)	78.32	85.23
	15	('03)	78.36	85.33

資料　厚生労働省「簡易生命表」「完全生命表」
　　　(財)厚生統計協会「国民衛生の動向」2004

§3　特定年齢の生存率

生命表によると、65歳における生存率は、男子で85.3％、女子で93.0％で

ある。また、80歳の生存率は、男子で54.5%、女子で76.3%である。約半数以上の人が80歳まで生きられることになる。

第4節　感染症と健康

　人類の歴史は感染症との戦いの歴史であった。しかし現在の先進国では非感染症の慢性疾患（成人病）が死因の上位を占めている。発展途上国では旧来の感染症が猛威をふるっており、科学の発達や公衆衛生の向上によって、予防、治療が必要不可欠である。

　一方、海外旅行の急増により輸入による感染症が増加し、日本には従来存在しなかった感染症も報告されている。また、エイズのように性行為によって感染する感染症が注目されている。

§1　伝染病予防法

　伝染病予防法は、発病にともなう届出、患者及び死体の移動制限、接触者の隔離などを規定している。この法律は、法定伝染病、指定伝染病、届出伝染病と届ける時期などの違いの種類がある（表2-13）。

（1）コレラ

　ここ数年、毎年患者が発生しており、海外からの輸入例が多い。

（2）赤痢

　戦後は減少したが、平成4年(1993年)の届出患者数は1,124名であり、そのうち輸入例は52.6%である。

（3）マラリア

　戦後は減少傾向にあったが、昭和47年（1972年）頃から増加傾向を認めたが、近年は、40〜60人と横ばいである。

（4）麻しん

　最近では数千人となっているが、2〜3年ごとの流行がみられる。

（5）百日せき

表2-13 届出伝染病(寄生虫、中毒を含む)一覧表

根拠法令	届出先	届出時間	伝染病の種類*
伝染病予防法 第1条 第3条	市町村長(または検疫委員、予防委員)を経て患者または死体の所在地の保健所長 東京都の区部と保健所法の政令市では直接保健所長	ただちに (書面・口頭 電報・電話)	コレラ、赤痢(疫痢を含む)、腸チフス、パラチフス、痘瘡、発疹チフス、猩紅熱、ジフテリア、流行性脳脊髄膜炎、ペスト、日本脳炎、厚生大臣が指定した伝染病(急性灰白髄炎、ラッサ熱)、コレラ、ペストおよび都道府県知事が適用した疑似症、異常の患者を診断したとき、死体を検案したときおよび死亡を除く転帰のとき
伝染病予防法 第3条の2	患者の所在地の保健所長	24時間以内 (書面・口頭 電報・電話)	インフルエンザ、狂犬病、炭疽、伝染性下痢症、百日咳、麻疹、破傷風、マラリア、つつが虫病、フィラリア病、黄熱、回帰熱の患者
性病予防法	患者居住地の保健所長を経て都道府県知事	1ヵ月以内 (文書)	梅毒、淋病、軟性下疳、鼠経リンパ肉芽腫症の患者
結核予防法	最寄りの保健所長	2日以内 (文書)	結核患者
寄生虫予防法	患者所在地の保健所長	翌月10日まで (書面・口頭)	住血吸虫病患者
食品衛生法	最寄りの保健所長	ただちに (文書・電話 口頭)	食中毒またはその疑ある患者および死体

・各法令に記載されている病名の表現を用いた。
資料 重松・小松・今川「伝染病予防必携、㈶日本公衆衛生協会、1986」

予防接種の推進により昭和33年（1958年）に3万人の届出があったが、現在では、300～500人である。
（6）日本脳炎
　昭和25年（1950年）には5,000人以上であったが、ここ数年は数名である。

§2 性病及び性感染症

　性病とは、性病予防法で梅毒、りん病、軟性下かん、そけいりんぱ肉芽腫症である（図2-4a、2-4b）。また、性感染症は、性行為によって伝播する疾患である。

第4節 感染症と健康

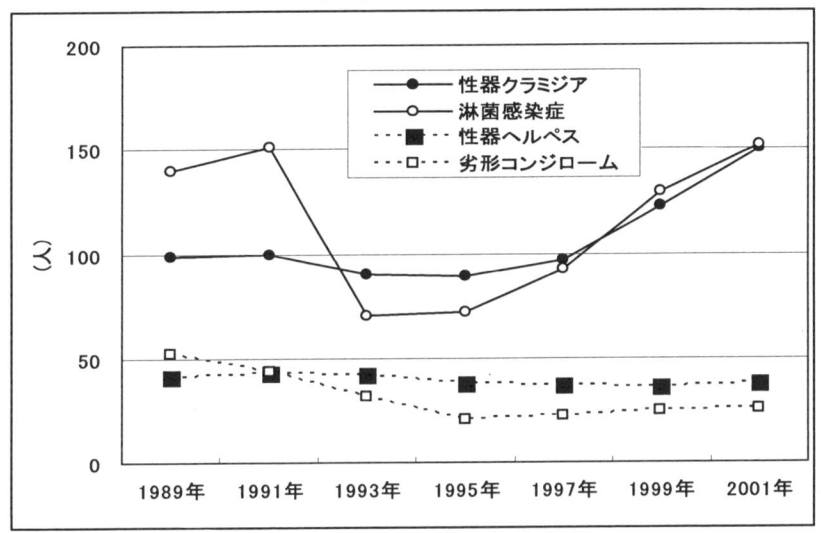

図2-4 a 性感染症の年次推移（男）

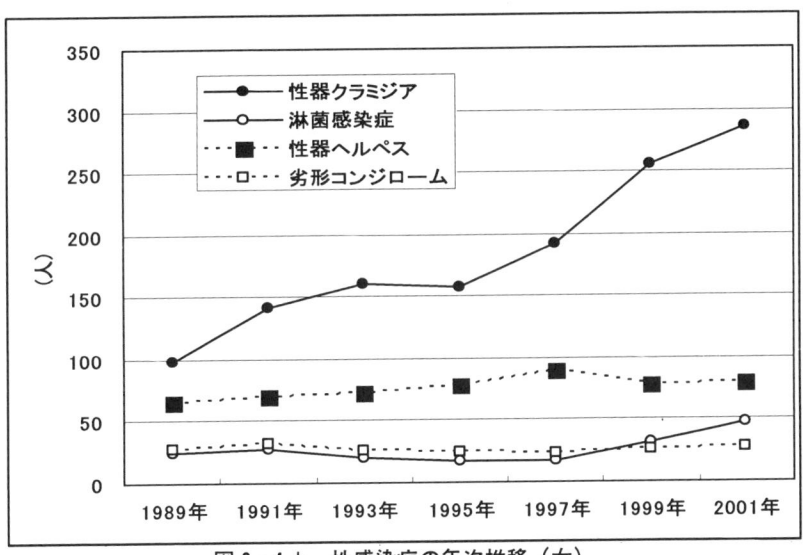

図2-4 b 性感染症の年次推移（女）

出典：2001年度STD・センチネル・サーベイランス報告
注：統計にでているのは調査医療機関で診断がついた患者のみ。無症状の感染者はこれの約5倍に相当すると推定される。

§3 エイズ

AIDS（後天性免疫不全症候群）は HIV（ヒト免疫不全ウイルス）の感染によって引き起こされる疾患である。

（1）エイズとは

HIV が体内に進入し、体内の免疫力（抵抗力）が低下し、健常なときには感染しなかった弱い病原菌にも感染する。

（2）感染経路

HIV は血液、精液に最も多く存在し、膣分泌液がそれに続きます。次に母乳も感染源となる。主な感染経路は次の通りである。

①性行為

現在の主な感染経路である。エイズに感染した男性の精液や女性の膣分泌液などが感染経路になる。性的なパートナーが多いこと、肛門性交のような出血をともなう行為は感染の危険性が高くなる。

②輸血

日本の場合は十分な検査を行っているため感染の危険性はない。

③注射の回しうち

麻薬常習者のように不衛生な状態でひんぱんに静脈注射を行うと危険である。

④母子感染

母子感染は、胎盤を通して胎児に感染する子宮内感染と出産時の出血などによる産道感染及び授乳による感染がある。近年増加している感染経路である。

⑤血液製剤

血液凝固因子製剤などの血液製剤を通して、不幸にも過去に感染した例は多い。これは、血液製剤の原料として輸入された血液に HIV が含まれていたためである。現在は加熱処理によって血液製剤は安全なものとなった。

（3）感染と発病

HIV の感染によって直ちに発病するものではない。HIV の感染後、次の経

過をたどる。
　とくに症状のない保有者（感染者、キャリア）
　エイズ関連症候群（前駆症状）
　エイズ発病（患者）
　HIV感染から発病までには短い人で数カ月、平均では8〜10年以上という長い潜伏期を経て発病する。最終的に感染者が全員発病するかどうかはわからない。
（4）エイズ患者及び感染者の現状
　国連によると、2004年末の世界のHIV感染者が3,940万人（160万人増）、死者が310万人（20万人増）に達すると報告されている。
　日本を含む東アジアの感染者は110万人で、2年で5割の増加であり、特に中国が目立ち、現在100万人弱の感染者が存在し、6年後には1千万人に達する可能性がある。
　アフリカの感染者は2,540万人（横ばい）、死亡者は230万人で最多である。
　日本（'04.10.）の感染者は6,337人（血液製剤を除く）、患者は3,164人、うち新規感染者は558人、男性の同性間性的接触感染者が340人と6割を占めている（異性間の3倍）。
　現状は表2-14に示すとおり、増加している。

表2-14　エイズ患者及び感染者の現状

	患者		感染者	
	1994年	2004年	1994年	2004年
日　本	713	3 164	3 022	6 337
世界	851 628	100〜200万	1 400万	3 940万

資料　WHO/UNAIDS（国連合同エイズ計画）
　　　（財）厚生統計協会「国民衛生の動向」2004

(5) エイズ予防

　血液は感染力が強いが、熱処理などによって、日本国内の輸血血液は安全なものになっている。重要なのは、精液や膣分泌液などに接触する機会がある性行為による感染を予防することである。

　現時点では、エイズを性行為感染症の一つと考え、その予防に努める必要がある。具体的には、多人数とのセックスは避け、性行為のときには必ずコンドームを用いる。出血をともなうような行為は避ける。などである。

　HIVは非常に弱いウイルスであるから、感染に過敏になる必要はない。感染しない例として、次の行為が挙げられる。

　　せき・くしゃみ
　　握手
　　共同浴場・トイレ
　　理・美容院
　　カラオケのマイク
　　おしゃべり
　　蚊・ハエ
　　プール・シャワー
　　つり革・手すり
　　キス（軽い）
　　同じ食べ物をつつく
　　公衆電話
　　同じグラスや食器を一緒に使う
　　献血

　エイズは感染すると非常に恐い病気であるが、正しい知識を身につけて予防に心掛ければ、心配する必要はないのである。

参考引用文献

1) 厚生省:「人口動態統計」 1994
2) 厚生省人口問題研究所:「人口統計資料集1993」 1994
3) 厚生省人口問題研究所:「人口問題研究」 1994
4) 厚生省:「簡易生命表、完全生命表」 1994
5) 厚生統計協会:「国民衛生の動向・厚生の指標 臨時増刊号」 1994
6) 総務庁統計局:「各年国勢調査報告」 1994
7) 総務庁統計局:「平成5年10月1日現在推計人口」 1994
8) 糸川嘉則、斉藤和雄、桜井治彦、廣畑富雄:「NEW 衛生公衆衛生学」
   南江堂 1990
9) 厚生省人口問題研究所:「日本の将来推計人口」 1993
10) 重松、小松、今川:「伝染病予防必携」日本公衆衛生協会 1986

MEMO

MEMO

MEMO

第3章　女性と健康

　この章では、自分自身の身体の状態、すなわち、身長、体重などの数値を利用し、個人個人の理想的な身体の形態を求める。また、肥満についても考えてみる。間違った考えを持っていると、とんでもない結果をもたらすことになる。肥満について正しい知識を持ち、理解をすることが、健康のために役立つと考える。あらためて健康の意義、大切さなどを学び、将来にも役立つ考え方、また、健康・体力づくりのための運動習慣を身につけることができるようになればよいと思う。
　また、結婚に関して、結婚の現状、妊娠出産などについて学ぶ。

第1節　美しさと健康

　美しくありたい。これは、全ての女性のあこがれであり、願望であると思う。しかし、「美しい」ということはどういうことなのか理解していないと、健康を損なうばかりか、精神的にもよくないことが大いにある。最悪の場合、死に至ることもある。
　ここでは、「美しい」とは、外観的なものだけではなく、いろいろな要素が複合、総合して美しさと言うものがその人個人に現れることを学ぶ。

§1　自分自身のからだに関心を持とう
　人間は生まれるとすぐに、身長、体重、胸囲などを測定される。それらの個人差はあるが身長は、約50cm、体重は、約3.0kgである。以後、毎年小学校、中学校、高校、大学、社会人になっても、主婦になっても、事業所、市町村などが、実施する健康診断などで測定される。
　身長、体重などは、それぞれ計測の意味があり、発育発達の大切な指標に

なり、また、健康管理の面から、健康度を判定する重要な要素の一つと考えられる。

　身長は、身体の発育基準として用いられ、体形の指標の基準として使われる。体重は、身体各部位の発育や充実度を、総合的に表すもので、筋肉や内臓器官の発達程度、体脂肪の沈着度など、健康状態を知る指標として使われる。胸囲は、胸筋の発達や皮下脂肪組織に影響される。また、胸部には、心臓や肺など生体にとって重要な諸器官がある。

　ここで、身長、体重などを使って、自分自身の体の状態がどうなっているかいくつかの方法について述べていく。

1）　肥満の判定から見た方法
①標準体重による判定

・肥満度（％）＝ $\dfrac{測定体重 － 標準体重}{標準体重}$

　ここで、標準体重（Ws）の求め方について
　　ブローカ法によると、Ws＝身長－100であるが、日本人適応させるにはWs＝（身長－100）×0.9である。
　　また、身長区分による場合は、
　　　　165cm以上　　Ws＝（身長－110）×0.9
　　　　165cm以下　　Ws＝（身長－105）×0.9
　　　　150cm以下　　Ws＝（身長－100）×0.9

・判定基準（表3－1）
　　－20％以下　やせすぎ　　±10％　正常　　＋20％以上　肥りすぎ

第1節　美しさと健康

表 3-1　肥満度

第3章 女性と健康

表 3-2 ローレル指数

②ローレル指数による判定

・ローレル指数 $= \dfrac{体重(kg)}{身長(cm)^3} \times 10^7$

・判定基準（表3-2）を参考にする。
　98～117　やせ型　　　118～148　標準
　149～159　やや肥満　　160以上　肥満

③皮脂厚からの判定

　皮脂厚からの判定方法がある。これは、皮下脂肪として蓄積された脂肪の厚さを測定する。この厚さによって、体脂肪が体の何割りを占めるかがわかる。測定する部位は、正確に測るには、数カ所以上の数値があればよいが、一般的には、上腕背部と肩甲骨下部の2箇所を測定する。
　判定基準は、表3-3に示すとおりである。

表3-3　皮下脂肪厚による肥満の判定基準（長瀬）
（皮脂厚＝上椀部＋背部）

性別	年齢階級（歳）	軽度の肥満 皮脂厚(mm)	軽度の肥満 体脂肪(%)	中程度の肥満 皮脂厚(mm)	中程度の肥満 体脂肪(%)	高度の肥満 皮脂厚(mm)	高度の肥満 体脂肪(%)
男	6～8	20	20	30	25	40	30
男	9～11	23	20	32	25	40	30
男	12～14	25	20	35	25	45	30
男	15～18	30	20	40	25	50	30
男	成人	35	20	45	25	55	30
女	6～8	25	25	35	30	45	45
女	9～11	30	25	37	30	45	45
女	12～14	35	25	40	30	50	35
女	15～18	40	30	50	35	55	40
女	成人	40	30	55	35	60	40

2) バランスのとれた体型（プロポーション）

1)では、肥満からみた身体の状態であった。身長・体重を使い、身体のバランスをみた。ここでは、体重の多い少ないではなく、身体全体からみて、バランスはどうなのかみていく。

図3-1、表3-4、図3-2、表3-5を参考にして、自分自身の各部位の数値と理想値を比較し、検討する。

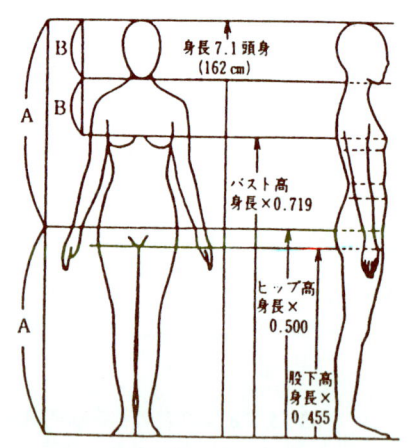

図3-1　20歳代のビューティフルプロポーション

表3-4　ビューティフルプロポーション

20 歳 代	指　　数	ＢＰ値
身　　　　　長	7.1頭身	162.0cm
体　　　　　重	身長－112	50.0kg
バ ス ト 周 径	身長×0.515	83.4cm
アンダーバスト周径	身長×0.432	70.0cm
ウ エ ス ト 周 径	身長×0.370	59.9cm
腹 部 周 径	身長×0.457	74.0cm
ヒ ッ プ 周 径	身長×0.542	87.8cm
大 　腿 　囲	ヒップ×0.57	50.0cm
ふ く ら は ぎ	ヒップ×0.27	23.7cm
足 　首 　囲	ヒップ×0.20	17.6cm

第1節 美しさと健康

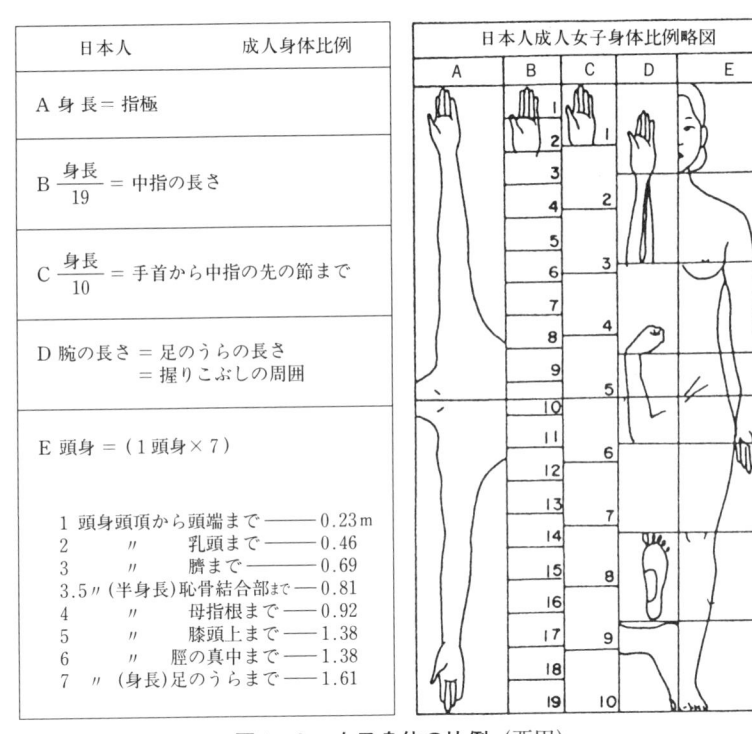

日本人　　　　　成人身体比例
A　身長＝指極
B　$\dfrac{身長}{19}$ ＝ 中指の長さ
C　$\dfrac{身長}{10}$ ＝ 手首から中指の先の節まで
D　腕の長さ ＝ 足のうらの長さ 　　　　　　＝ 握りこぶしの周囲
E　頭身 ＝ (1頭身× 7) 　1　頭身頭頂から頭端まで ──── 0.23 m 　2　　 〃　　乳頭まで ──── 0.46 　3　　 〃　　臍まで ──── 0.69 　3.5〃 (半身長)恥骨結合部まで── 0.81 　4　　 〃　　母指根まで ──── 0.92 　5　　 〃　　膝頭上まで ──── 1.38 　6　　 〃　　脛の真中まで ──── 1.38 　7　　 〃　(身長)足のうらまで ──── 1.61

図 3 - 2　女子身体の比例（西田）

表 3-5　ビューティフルプロポーション

身　長	体　重	胸　囲	ウエスト	足のサイズ
145.00	33.00	74.68	53.65	20.71
146.00	34.00	75.19	54.02	20.86
147.00	35.00	75.71	54.39	21.00
148.00	36.00	76.22	54.76	21.14
149.00	37.00	76.74	55.13	21.29
150.00	38.00	77.25	55.50	21.43
151.00	39.00	77.77	55.87	21.57
152.00	40.00	78.28	56.24	21.71
153.00	41.00	78.80	56.61	21.86
154.00	42.00	79.31	56.98	22.00
155.00	43.00	79.83	57.35	22.14
156.00	44.00	80.34	57.72	22.29
157.00	45.00	80.86	58.09	22.43
158.00	46.00	81.37	58.46	22.57
159.00	47.00	81.89	58.83	22.71
160.00	48.00	82.40	59.20	22.86
161.00	49.00	82.92	59.57	23.00
162.00	50.00	83.43	59.94	23.14
163.00	51.00	83.95	60.31	23.29
164.00	52.00	84.46	60.68	23.43
165.00	53.00	84.98	61.05	23.57
166.00	54.00	85.49	61.42	23.71
167.00	55.00	86.01	61.79	23.86
168.00	56.00	86.52	62.16	24.00
169.00	57.00	87.04	62.53	24.14
170.00	58.00	87.55	62.90	24.29
171.00	59.00	88.07	63.27	24.43
172.00	60.00	88.58	63.64	24.57
173.00	61.00	89.10	64.01	24.71
174.00	62.00	89.61	64.38	24.86
175.00	63.00	90.13	64.75	25.00
176.00	64.00	90.64	65.12	25.14
177.00	65.00	91.16	65.49	25.29
178.00	66.00	91.67	65.86	25.43
179.00	67.00	92.19	66.23	25.57
180.00	68.00	92.70	66.60	25.71
181.00	69.00	93.22	66.97	25.76
182.00	70.00	93.73	67.34	26.00
183.00	71.00	94.25	67.71	26.14
184.00	72.00	94.76	68.08	26.29
185.00	73.00	95.28	68.45	26.43

§2 肥満はどういうことなのかな？

§1で、自分の体型について、理解できたと思う。では、肥満とは、どういうものを言うのか、説明していく。

肥満とは、全身の脂肪組織に脂肪が過剰に蓄積した状態を言い、肥っていることである。過剰脂肪は、一般的には、食べすぎによる摂取エネルギーが、消費エネルギーより大きい場合、脂肪として蓄えられる。その結果、体重が増加したり、腕、足、腹などが、太くなったり、出てきたりする。

また、肥満であると、命が短くなるという統計もある。標準体重と肥っている人とを肥満割合で比較すると、15%肥満度で1.4倍、25%以上肥満度で1.7倍も死亡率が上昇すると報告されている。そして、成人病と言われる動脈硬化、心臓病、脳卒中、また、糖尿病などの病気にかかる確率が高くなると言われている。

このようにみてくると、肥満は、美しさばかりではなく、健康にとっても、マイナス要因の一つになる。

判定方法は、§1の通りである。肥満の要因には、いろいろある。
1) 遺伝の要素　　（肥りやすい体質、家庭の食習慣など）
2) ホルモンの異常によるもの
3) 運動不足によるもの
4) 精神的な要因　　（精神不安やストレス）
5) 社会的な要因

などがあるが、最近では、3)の運動不足による肥満がほとんどである。運動・スポーツを行うことすなわち、運動習慣を身につけることは、健康の維持向上を目指すことにはならないものである。なお、方法については、他の章を参考にされたい。

第2節　女性と結婚

§1　結婚とはどういうこと

1）結婚とは

　適齢期を迎えた男女にとって、結婚問題は最大の関心事である。夢があり、どんな人と巡り合い、また、将来どういう家庭を築くのか、考えるだけでも楽しい。

　一般に結婚しているとは、下記のようにまとめられる。

①共同生活をしている。

②婚姻届けを役場に提出している。

③深い愛情で結ばれている。

④周囲から親しい関係になることを公に認められている。

⑤社会的・経済的に独立している。

　結婚を定義する場合以上の要素がどれ一つ欠けてもいけない。2人がお互いに助け合い幸福になることは、個人の幸福、社会の幸福につながる。その意味で望ましい結婚をすることは重要なことである。

　現在の結婚形態は一夫一婦制で、夫となり、妻となる当事者の自由意思により共同生活を営む契約をするので、契約婚と呼ばれている。この形態が成り立つには、かなりの時間を必要とした。男女平等という思想が、広く一般に認められない限り、現在の結婚形態を成立させるには不可能なことであった。では、過去の結婚形態にはどういうものがあったのか。

①共同婚

②略奪婚

③売買婚　（結納の名残である）

④契約婚

　以上のような結婚形態に大別できる。法律上、結婚当事者同士の意思を尊重するようになったのは、明治時代からである。それまでの女性は、物品としかみられていない悲しい時代があった。

　また、結婚には家庭を築き、子供を生み、育て、社会の後継者を育成するという重要な使命もある。

2）結婚の現状

①結婚年齢

結婚する年齢は、時代によって、変わってきている。また、男女間の年齢差も同様である。表3-6を見ると、明治41年では、初婚年齢夫26.8歳、妻22.9歳で年齢差4.6歳である。94年後の平成14年では、夫29.1歳、妻27.4歳、年齢差1.7歳になっている。また、結婚平均年齢夫2.3歳、妻4.5歳になっている。

次に、表3-7では、結婚している者の年齢別割合を表している。

早婚と言われる20歳未満についてみると、男女とも若干増えている。また、適齢期（20歳～30歳）では、昭和56年の夫71.3％、妻87.8％、平成3年の夫68％、妻84.9％であり、両性とも減少している。30歳以上では、昭和56年の夫27.7％、妻8.9％、平成3年の夫30.7％、妻11.3％であり、増加している。

これをみても解るとおり、結婚年齢は、徐々にではあるが、確実に上がっている。また、適齢期に結婚する男女がほとんどであるが、では、適齢期とは、次の要素によって成り立っている。

- 肉体的に成熟が完成している。(子供を産む能力が十分にある)
- 経済的に安定している。(定職がある)
- 精神的に余裕があり、安定している。(協調性があり、他人とうまくやって行ける能力がある)

表3-6 平均初婚年齢および夫妻の年齢差の年次比較

	夫	妻	年齢差
明治41年(1908)	26.8歳	22.9歳	4.6歳
大正9年(1920)	27.4	23.2	4.2
昭和5年(1930)	27.3	23.2	4.1
昭和15年(1940)	29.0	24.6	4.4
昭和25年(1950)	25.9	23.0	2.9
昭和35年(1960)	27.2	24.4	2.8
昭和45年(1970)	26.9	24.2	2.7
昭和55年(1890)	27.8	25.2	2.6
平成2年(1990)	28.4	25.9	2.5
平成12年(2000)	28.8	27.0	1.8
平成13年(2001)	29.0	27.2	1.8
平成14年(2002)	29.1	27.4	1.7

資料 統計情報部「平成14年人口動態統計」

表3－7　初婚件数・初婚率

年次×年齢階級別

年齢階級	昭和60年(1985)	平成7年(1995)	平成12年(2000)	平成13年(2001)	平成14年(2002)
			夫		
総　数	601 673	635 178	614 968	610 753	573 955
～19歳	6 577	8 693	10 745	10 851	9 912
20～24	126 761	136 347	117 347	111 105	100 108
25～29	288 236	287 105	284 162	277 972	255 777
30～34	138 164	140 354	135 078	141 785	140 839
35～39	34 783	42 848	44 912	44 713	44 282
40～44	5 317	13 516	13 490	14 029	13 561
45～49	1 229	4 777	5 789	6 006	5 556
50～	597	1 520	3 439	4 286	3 915
不　詳	9	18	6	6	5
			妻		
総　数	610 389	647 004	626 764	622 295	584 455
～19歳	21 602	19 271	21 480	22 064	20 688
20～24	280 044	233 964	175 387	165 629	147 868
25～29	249 594	299 855	308 790	303 861	281 805
30～34	41 628	72 600	92 933	100 853	103 333
35～39	11 907	14 676	20 926	22 392	23 315
40～44	2 998	3 679	4 351	4 628	4 814
45～49	1 302	1 661	1 387	1 428	1 300
50～	1 313	1 294	1 509	1 440	1 332
不　詳	1	4	1	－	

注：各年に同居し届け出たものについての集計である。
資料：統計情報部「平成14年人口動態統計」

②離婚問題

結婚式で、2人が半永久的に深い愛情で結ばれ、素晴らしい家庭を築くことを誓いあったにもかかわらず、何らかの原因により、離婚をしなければならない状況が生まれることがある。もし子供がいれば、かなりの悪影響があるだろう。また、職場、近所などのことを考えれば、簡単に別れるのは問題がありそうである。ただ、当事者からすれば、長い人生で、いやいや一緒に暮らすのもできないことであろう。

ここで考えなければいけないことは、結婚する前に、将来、配偶者としてうまくやっていけるのかを良く考え、我慢できることとできないことをはっきりしておく必要がある。

最近の傾向として、離婚件数、離婚率は増加している(図3-3)。また、表3-8は、結婚してから、離婚するまでの期間別割合である。これを見ると、結婚生活15年以上を経てから離婚する割合が、昭和50年が12.6%に対し、平成15年は、25.3%と、2倍以上に増加している。

国別に、人口動態総覧(率)を比較したものが、表3-9である。特に離婚

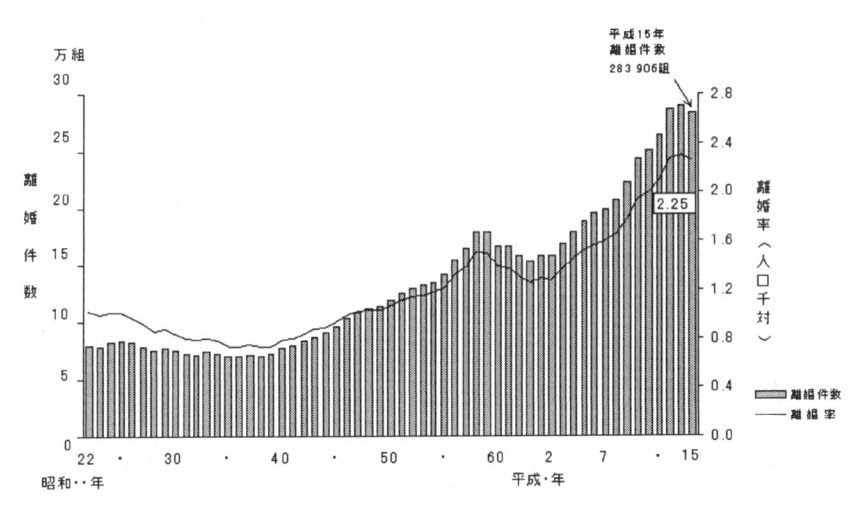

資料　統計情報部「平成14年人口動態統計」

図3-3　離婚件数及び離婚率の年次推移

表3-8 同居期間別離婚件数の年次推移

同居期間	昭和50年		昭和60年		平成7年		平成15年	
離婚件数	119,135		166,640		199,016		283,906	
1年未満	14,773	12.4%	12,655	7.6%	14,893	7.5%	16,933	6.0%
1～2	13,014	10.9%	12,815	7.7%	18,081	9.1%	21,910	7.7%
2～3	11,731	9.8%	11,710	7.0%	16,591	8.3%	21,943	7.7%
3～4	10,141	8.5%	10,437	6.3%	14,576	7.3%	19,374	6.8%
4～5	8,677	7.3%	8,821	5.3%	12,569	6.3%	16,680	5.9%
(5年未満)		(49.0%)		(33.9%)		(38.5%)		(34.1%)
5～10	58,597	49.2%	35,338	21.2%	41,185	20.7%	62,674	22.1%
10～15	16,206	13.6%	32,312	19.4%	25,308	12.7%	39,101	13.8%
15～20	8,172	6.9%	21,529	12.9%	19,153	9.6%	26,720	9.4%
20年以上	6,810	5.7%	20,435	12.3%	31,877	16.0%	45,051	15.9%

注：同居期間不詳を除いた総数に対する構成割合である。
資料：統計情報部「人口動態統計」

表3-9 人口動態総覧（率）の国際比較

国名	出生率	死亡率	婚姻率	離婚率
	（人口千対）			
日本	'03) 8.9	'03) 8.1	'03) 5.8	'03) 2.27
アメリカ	'01) 14.5	'01) 8.5	'02) 7.8	'02) 4.0
フランス	'01) 13.1	'01) 8.9	'01) 5.1	'00) 1.9
ドイツ	'01) 8.9	'01) 10.0	'01) 4.7	'00) 2.4
イタリア	'01) 9.2	'01) 9.6	'01) 4.5	'00) 0.7
スウェーデン	'01) 10.3	'01) 10.5	'01) 4.0	'01) 2.4
イギリス	'01) 11.2	'01) 10.1	'00) 5.1	'00) 2.6

注：日本の2003年は推計値である。
資料：(1)アメリカは、NCHS, National Vital Statistics Reports
　　　(2)ヨーロッパの各国は、Council of Europe, Recent demographic developments in Europe 2002
　　　ただし、スウェーデン及びイギリスの合計特殊出生率は、それぞれ、Statistical Yearbook of Sweden, 2003, UK, Annual Abstract of Statistics, 2003
　　　(3)統計情報部「人口動態統計」

率を見ると、それぞれの国の事情があるので簡単には比較は難しいが、アメリカが群を抜いて高く、日本の場合は、高くなってきた。

③婚姻に関する法規（抜粋）

　ここでは、結婚が法律でどのように位置付けられているかをみてみる。広

義でみるか狭義でみるかによって関連する法律の条文は増減するが、後者でみることにする。

・憲法

［家族生活における個人の尊厳・両性の平等］

第24条　婚姻は、両性の合意にのみ基づいて成立し、夫婦が同等の権利を有することを基本として、相互の協力により、維持されなければならない。

・民法

［婚姻適齢］

第731条　男は、満18歳に、女は満16歳にならなければ、婚姻をすることができない。

［重婚の禁止］

第732条　配偶者のあるものは、重ねて婚姻をすることができない。

［再婚禁止期間］

第733条　女は、前婚の解消または取消の日から6ヵ月経過したあとでなければ再婚することができない。

［近親婚の制限］

第734条　直系血族または三親等内の傍系血族の間では、婚姻することができない。但し、養子と養子方の傍系血族との間では、この限りではない。

［未成年者の婚姻］

第737条　未成年の子が婚姻をするには、父母の同意を得なければならない。

　　　　②父母の一方が同意しないときは、他の一方の同意だけで足りる。

［同居・協力扶助の義務］

第752条　夫婦は同居し、互いに協力し扶助しなければならない。

§2　結婚と疾病

夫婦ともに健康であることは、幸福になるための条件の一つである。また、健康な子供を産むためにも必要なことである。特に、女性の場合は、妊娠、出産、育児という精神力、体力などを要求され、病気がちであれば、とても子供を産み、育てることは至難である。また、感染する疾病であれば、何も知らない子供は、生まれながらにして、その病気にかかることになる。恐ろしいことである。それを避けるためにも、結婚前の健康診断はぜひやっておかなくてはいけない。

1) エイズ (AIDS)

最近大変話題になっている病気である。この病気の起源は割と新しい。1981年6月に初めてアメリカで報告された。我が国の初めての患者は、1985年3月である。

エイズとはエイズウイルス (HIV) が、原因で起こる後天性免疫不全症候群のことである。人の身体に侵入してきた病原菌と戦うのが免疫機能だが、HIVは、その働きをできなくする。そのため、正常なときは人間と共存していた細菌やウイルス、かび、寄生虫などの病原体が攻撃する。そして、次にこれらの病原菌によって感染症を併発し、死にいたらしめる。

HIVに感染した場合、多くはほとんど症状もなく経過し、大部分は感染後6～8週間で抗HIV抗体は陽性となる（感染者）。そして、無症候性キャリアの状態を数カ月から10年経過した後、発熱、リンパ節腫脹、下痢、体重減少などが起こってくる。この状態をARC（エイズ関連症候群）という。HIV感染後、5年以内にARCとなるのは、20％～50％(WHO調べ)である。この症状を繰り返し、ついには、免疫不全状態が進み、エイズに特徴的な症状であるカリニ肺炎、重症のカンジダ症などを発病し患者となる。感染後、5年以内に発病する割合は、10％～30％(WHO調べ)であり、アメリカにおけるエイズ発病後の5年以内の生存率は、約10％である。

HIVは、主に血液と精液に存在する。唾液や尿、母乳、糞便などからも少量発見されている。これらが、傷口や粘膜を通して体内に入り感染していく。

感染したものは、発病はしなくても、他の人に感染させる可能性がある。自分が保菌者ということを知らなければ、それだけ多くの人に感染させる確率が高くなる。

現在のところHIVに効果がある薬は開発されていない。そのため、患者の数は、どんどん増えている。表3-10では、地域別感染者数を表している。アフリカ地区の数がスバ抜けて多く、問題になっている。感染者数は、全世界的で見ると、1993年では、推計250万人出会ったが、2002年時点では4200万人になっている。たいへん恐ろしい数である。

次に感染経路については、3つある。
- 感染者と無防備な性的接触（異性間によるものが主流になっている。）
- 母子感染（感染した母親から出産する赤ちゃんに）
- 感染した血液や血液製剤を通じてのもの（現在では、加熱処理により、これによる感染はまずない。）

以上であるが、実際に感染する確率の高いのが、最初の項目である。感染者との性行為以外では、感染の心配はまずありえない。

表3-10　エイズの年間の感染者数と死亡者数

	アフリカ	北・中・南アメリカ	東部地中海	欧州	東南アジア・西大西洋	合計
感染者数	2940万人	292万人	63万人	177万人	714万人	4200万人
死亡者数	220万人	9万人	6万人	3万人	50万人	287万人

資料　UNIDS, WHOの2002年報告書いずれも数字は、推定値。

2）他の性感染症

- 梅　毒…起源には2つの説がある。そのうちで有力なものは、アメリカ大陸の風土病であるというものである。1492年、コロンブスがアメリカ大陸を発見した際に、彼の仲間達がヨーロッパに持ち帰り、約2年で全ヨーロッパに流行した。また、航海術の進歩により、インド、中国そして、日本にも上陸した。約20〜30年で全世界に広がったのである。1対1の感染を考えると、交通機関の未発達

な時代であるにも関わらず、その速さに驚かされる。

　感染は、主として、性交、キス、授乳、輸血、などによる。また、梅毒に感染した母親の胎盤を通して感染したものが、先天性梅毒と言われる。女性が感染しても妊娠するが、多くは、妊娠5～6ヵ月以後に流産を起こしたり、死産したりする。これは、母体内の梅毒スピロヘータが、胎盤を通じて子宮内の胎児に感染し、胎児を死亡させるためである。梅毒を、治療しないで放置して置くと、流産・死産を繰り返す。また、母体が感染してから年数が経過している場合には、流産・死産を避けられても、先天性梅毒児が生まれたりする。

　症状は、図3-4のようである。第1期から第4期に分かれる。
○第1期　潜伏期は3週間とされる。病原体が体内に侵入して潜伏期が過ぎてから、侵入局所に小さい偏平隆起ができ、それが小指頭大の硬結（初期硬結）となり、ついで、表面の皮がむけて硬い腫瘍ができる。併せて付近のリンパ腺の腫れが起こるが、硬結もリンパ腺の腫れもいずれも無痛で、治療しなくても自然に消失する。しかし、この時期に病原体は血液中に入って全身に運ばれる。
○第2期　その後はまったく無症状で経過するが、約9週間くらい経過したあとで、全身の皮膚および粘膜に発疹が現れる。この発疹も、ほとんどがかゆみ、苦痛がなく、知らない間に消失する。この期間は約3年続き、声が枯れたり、毛が抜けたり、のどが痛んだりすることもある。
○第3期　骨や脈管の病変、末梢神経の障害、内臓のゴム腫などが生じる。
○第4期　感染後10年経つと、脳・脊髄が侵され、進行性マヒが起こる。この時期になると治療は困難で完全治療はほとんど望めなくなる。

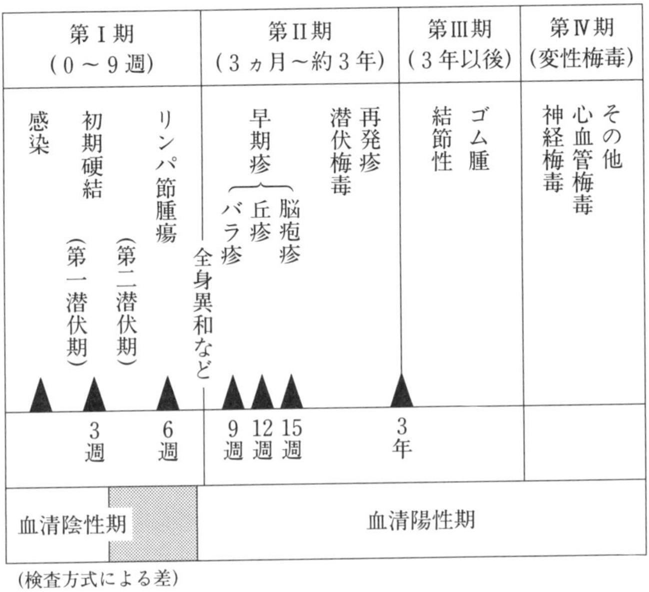

第2節 女性と結婚

第Ⅰ期 (0〜9週)	第Ⅱ期 (3ヵ月〜約3年)	第Ⅲ期 (3年以後)	第Ⅳ期 (変性梅毒)
感染／初期硬結（第一潜伏期）／リンパ節腫瘍（第二潜伏期）	早期疹（脳疱疹／丘疹／バラ疹）全身異和など／再発疹／潜伏梅毒	ゴム腫／結節性	神経梅毒／心血管梅毒／その他
▲　▲　　▲　▲▲▲　　　　▲		
3週　6週　9週 12週 15週　　3年		
血清陰性期	血清陽性期		

(検査方式による差)

図3-4　梅毒の概略経過（リコール氏模型図）

- りん病…男性と女性では、大きく違っている。男性では性交による感染から数日後に症状が出現し、尿道口から粘液が、次に膿がでるようになり、排尿する回数がますとともに痛みもひどくなる。さらに病気が進むと関節炎、副睾丸炎といった全身的な症状を起こす。

  女性では、男性に比べ症状が軽く、尿道炎や子宮頸管炎を起こしても病気にかかったことに気づかずにいることもある。何も治療しないで放置しても病気は治ってしまうが、不妊症になることもある。治療には、ペニシリンが大変有効だが、最近では、その効果がないりん病も確認されている。

- 軟性下かん
- そけいりんぱ肉芽しゅ症

  以上が性病予防法に定められているものである。その他の感染症としては、

- 陰部クラミジア感染症

・陰部ヘルペス
・トリコモナス症
・B型肝炎　　　　　　　　などがある。

§3　妊娠と出産
1）妊娠の成立
　男子の睾丸で生成された精子（1回の射精量3～4mℓ中に約1億個）は、性行為によって女子の膣内より子宮の内部へ侵入して行く。その進む速度は、毎分2～3mmで、図3-5に到達するのに10時間かかるとされる。精子の生命は、約48時間前後とされている。その間に精子と卵子が出会わないと受精は成立しない。精子は卵子の周りに群がり、何億の中の1個、時には、2個が選ばれ、受精が成立する。これが、妊娠の始まりである。

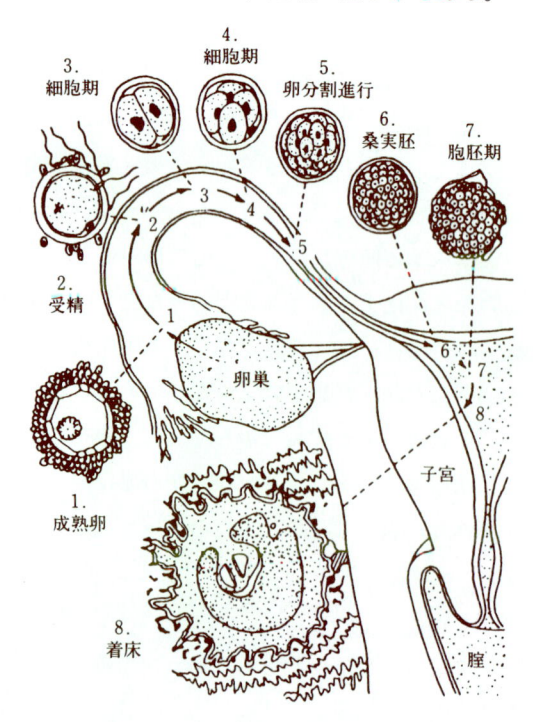

図3-5　排卵・受精・卵分割・着床（Rhodes, Pによる）

2) 妊娠期間

受精卵が着床してから発育し、成熟した胎児にまで成長した後、母体外へ排出されるまでの期間が、妊娠期間である。ヒトの場合は、280日（40週）±2週間が正常である。図3-6はドイツのゲッチンゲル大学での約8000例の成熟児出産の分娩頻度分布図である。また、表3-11はホ乳類の妊娠期間を示したものである。短いものは、3週間、長いものは、90週間〔1年8ヶ月〕である。体型が大きくなるほど妊娠期間が長くなるのがよくわかる。

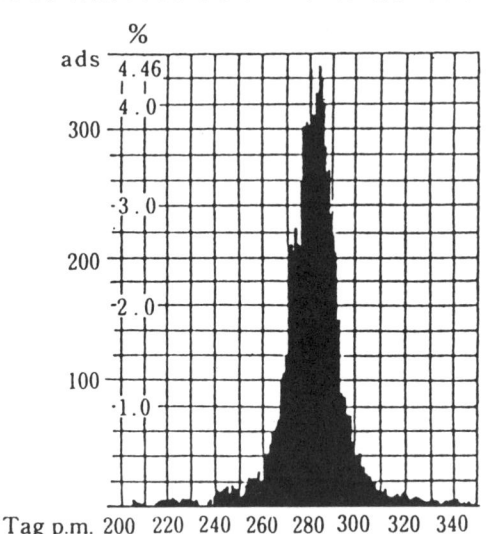

図3-6 Göttingen大学における約8,000例の成熟児分娩の最終月経よりの算定による分娩頻度分布（Hosemann）

動物種	妊娠持続
はつか鼠	3 週
やまねずみ	3
白　　鼠	4
兎	4
て　　ん	5
海　　狸	6
き　つ　ね	9
猫	9
犬	9
豚	16
羊	21
鹿	38
類人猿	38
牛	41
馬	48
ろ　　ば	52
さ　　い	76
象	90

表3-11 哺乳類の妊娠期間

3）妊娠の経過
①妊娠の兆候

　無月経になり、妊娠3ヵ月頃よりつわりの症状が現れる。その症状は、身体のだるさ、眠気、吐き気、食欲不振などであり、妊婦の約6割が体験し、軽いものを含めると8～9割が経験する。多くは数週間で軽快するが重症になると、点滴、入院を必要とする場合もある。

②全身の変化

　著名な体重増加がみられる。出産直前になると、体重が約10kg増えることになる。（表3-12）また、その内訳は、表3-13のようになる。血液約30％増となり、赤血球を作るために必要な鉄分やタンパク質が不足しがちで、貧血が起こりやすくなる。

　子宮底の増大により、下腹部が大きくなる。6ヵ月でへそ、9ヵ月で高さが最高になり、10ヵ月で下がり気味になる。（図3-7）、また、妊娠末期には子宮により横隔膜が上がり、腹式呼吸が困難となり、肩で息をするという状態がみられる。下腹部皮膚に皮下脂肪の裂け目を生じて赤褐色の筋が多数できることがある。これを妊娠線という。これは、分娩後も消失せずに跡として残る。

　精神的には、いらいらして神経質になったり、不眠になることも珍しくない。よい出産をするためにも、妊娠中の健康管理を十分注意する必要がある。

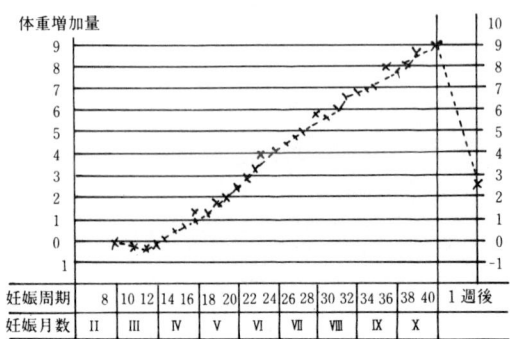

表3-12　正常妊娠各週間での平均体重変化曲線（竹内、1962年）

第2節 女性と結婚

表3-13 体重の内訳

胎　　　　児	3,300kg
胎　　　　盤	650
羊　　　　水	800
子宮(血液除く)	900
乳房(　〃　)	405
血　　　　漿	1,000
血　　　　球	250
細胞外液(組織)	1,195
脂　　　　肪	4,000
計	12.5kg

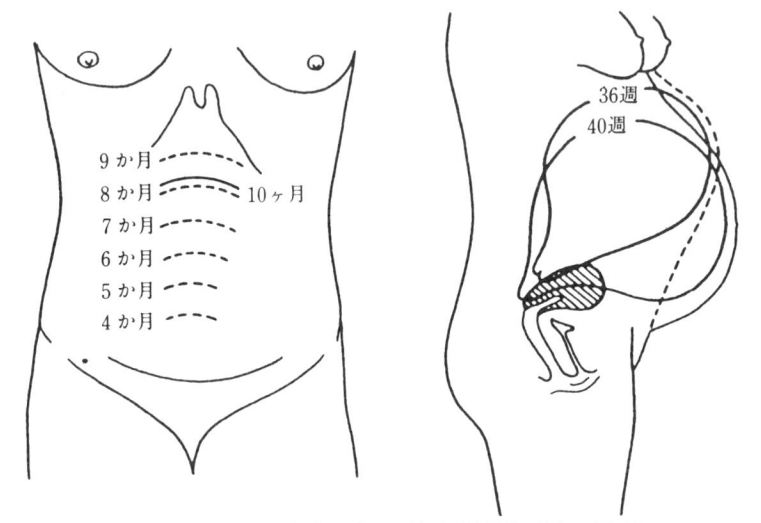

図3-7　妊娠子宮底の高さ（妊娠週数と子宮の増大）

4）胎児と出産

①胎児

　妊娠3ヵ月までは、他のホ乳類と見分けがつかないので胎芽という。それ以後を胎児という。胎児は、母体とへその緒で結ばれている。へその緒には、動脈、静脈が流れており、酸素や栄養を送っている。また、羊水中に浮いている。羊水は、弱アルカリ性の透明な液体で海水に近い。これを検査すると、成熟度、先天異常がわかる。また、超音波を利用した診断方法では、胎児の

発育状態がすぐにわかる。

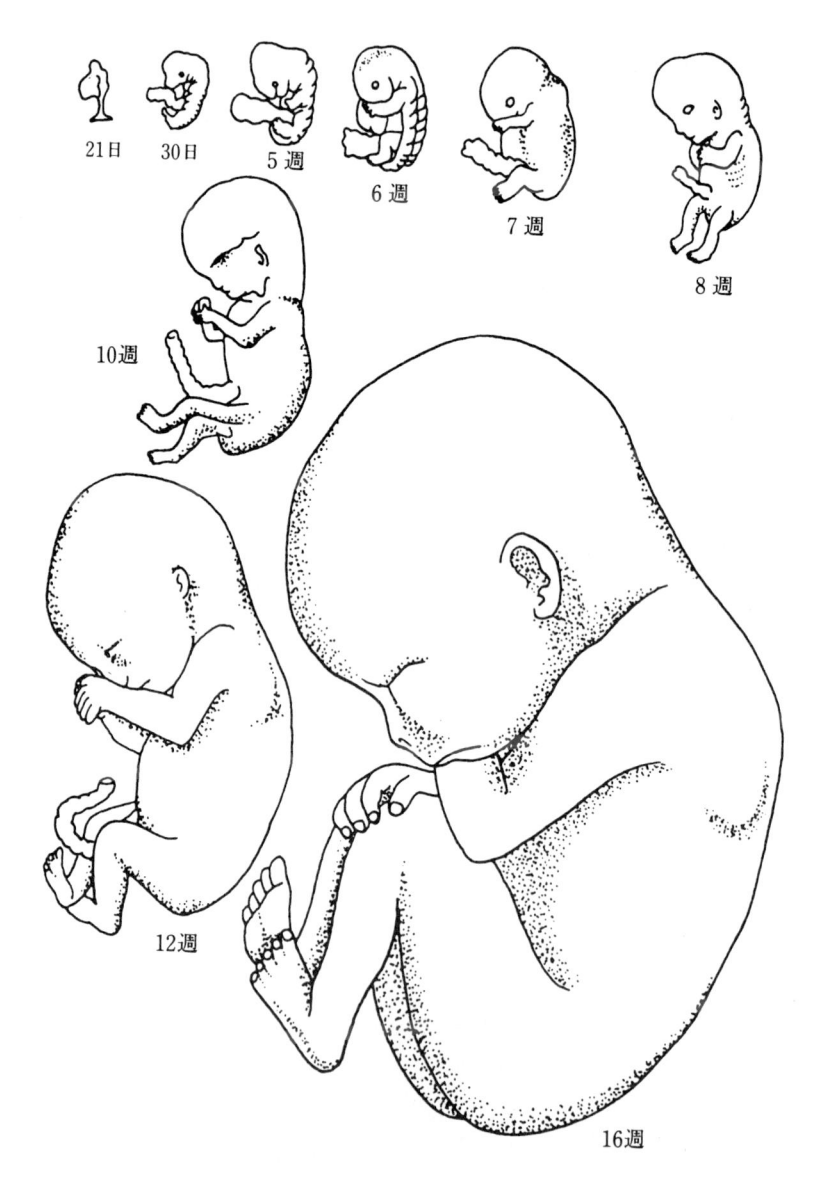

21日　30日　5週　6週　7週　8週　10週　12週　16週

図3-8　胎児の大きさ（ほぼ実物大）

②出産

　胎児が成熟し、子宮外での生活が可能になると、胎児とその付属物を体外に押し出す働きが起こる。これが分娩である。体外への押し出す力は、子宮の収縮（陣痛）と腹筋の緊張によるいきみである。図3-9がその様子である。

・第1期　陣痛開始から子宮口が10cm以上開くまで。
・第2期　胎児が体外にでるまで。
・第3期　子宮内が完全に空虚になるまで。（後産期）

　第1期から第3期に要する時間は、初産婦で約10時間、経産婦で7～8時間かかる。出産は、精神力、体力をともに必要とするものである。

5）受胎調節

①周期的禁欲法

・オギノ式

　荻野久作の排卵期に関する学説を基礎とするものである。排卵期は次回月経14日±2日に起こる。これは月経周期に関係しない。（図3-10）多くの女性は、自分の周期の規則性に疑いを持っていないようである。しかし、月経が生物学的現象である以上、一定であることはまれであるので、最低過去12回の記録を取り、最長周期と最短周期を定め、簡易法として、たとえば、最短周期26日、最長周期30日とすると、禁欲期は、月経周期第6日から第20日となる。ただ、周期変動の大きい人は実用的ではない。

計算方法　禁欲期の初日＝最短周期－20
　　　　　禁欲期の最終日＝最長周期－10

・基礎体温法

　早期安静時の体温を毎日測定し、比較的高い体温になり始めたところが、推定排卵日になる。（図3-11）27日周期であると、確実不妊日は、周期第17日～27日までである。この方法とオギノ式の併用により、避妊の確立が高くなる。

・その他の避妊法

　コンドーム、ピルなど。

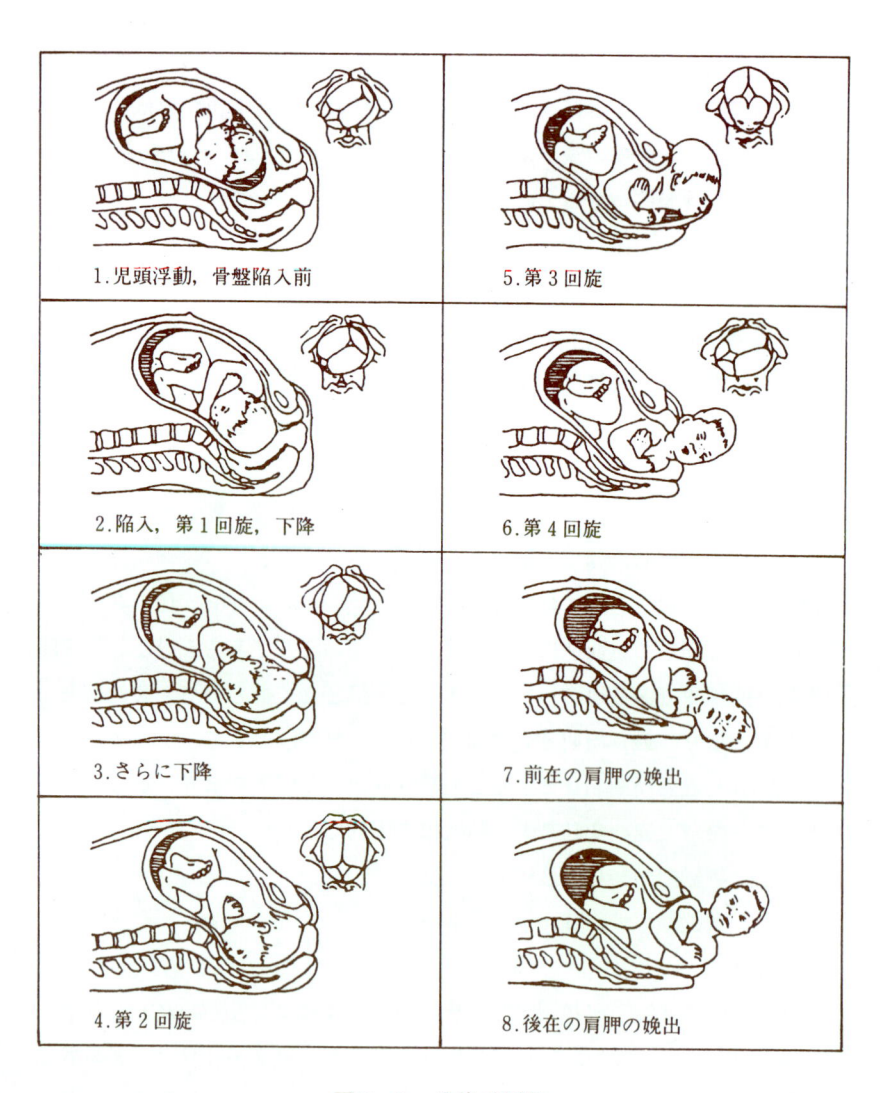

図3-9　分娩の経過

第2節　女性と結婚

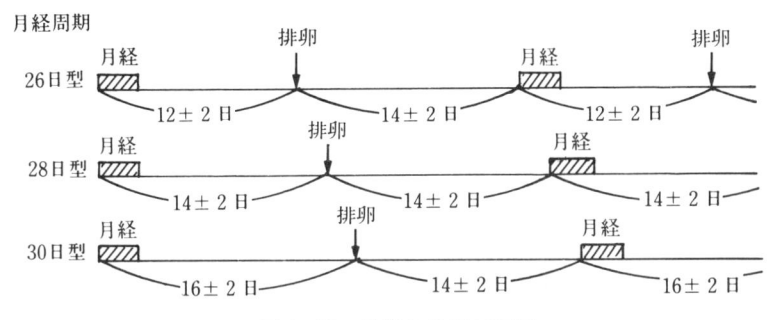

図3-10　排卵と月経の関係

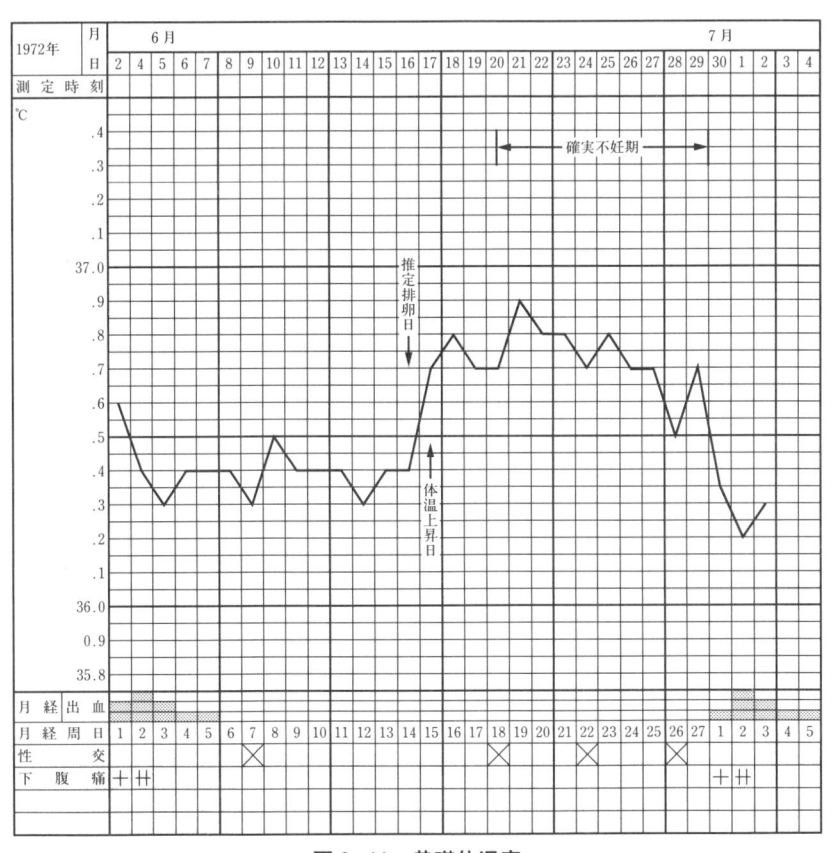

図3-11　基礎体温表

参考引用文献

1) 飯塚誠市編:「女子の生涯教育」弘学出版　1981
2) 小野三嗣著:「健康をもとめて・青年期」不昧堂　1978
3) 小野三嗣著:「肥満を考えなおそう」不昧堂　1981
4) 松本幸久他著:「結婚と健康」大修館書店　1976
5) 中山太郎著:「日本婚姻史」日文社　1956
6) 山口圭一著:「結婚と離婚」啓隆閣新社　1976
7) 厚生省統計協会編:「国民衛生の動向」厚生省統計協会　1993
8) 竹内　勝著:「性病教育の指導」新思潮社　1977

第4章　運動と生活

§1　日常生活における運動実施状況

　運動習慣については、厚生省が1993年の調査により、性別・年齢別にその状況を報告している(表4-1)[1]。それによると、男女ともに60歳以上では比較的多くの者が「運動習慣がある」と答えている。しかし、30・40・50歳代では、成人病の発症に最も重要な年齢であるが、「運動習慣がない」と答えている者が多くなっている。一方、総務庁による余暇の過ごし方の調査では、週平均、平日、土曜、日曜のいずれの場合もスポーツを行う時間がきわめて少ないことを報告している[2]。

健康増進に歩け歩け

厚生省の栄養調査

万歩計使い　効果比較

「指標」差くっきり

歩けば歩くほど、高血圧や心臓病になる危険性が低くなることが、二十九日に公表された厚生省の国民栄養調査で明らかになった。三十歳以上の男女に万歩計を付けて生活してもらい、血液検査などをして突き止めた。

元気なら歩こう。歩けば健康に＝90年秋、埼玉県東松山市でのスリーデーマーチで

朝日新聞　1991年4月30日

表4-1 運動習慣の状況（性、年齢階級）（厚生省[1]、1993）

		総数(実数)	運動習慣有	運動習慣無
男	総　　数	100.0(3,802)	19.9	80.1
	20～29歳	100.0(461)	20.6	79.4
	30～39	100.0(661)	15.1	84.9
	40～49	100.0(823)	17.4	82.6
	50～59	100.0(797)	14.3	85.7
	60～69	100.0(649)	26.7	73.3
	70歳以上	100.0(411)	32.1	67.9
女	総　　数	100.0(5,227)	14.2	85.8
	20～29歳	100.0(561)	8.4	91.6
	30～39	100.0(968)	10.7	89.3
	40～49	100.0(1,187)	15.2	84.8
	50～59	100.0(1,023)	13.3	86.7
	60～69	100.0(864)	18.3	81.7
	70歳以上	100.0(624)	18.3	81.7

　これらの報告は、日常生活の中で運動やスポーツを習慣化させることがいかに困難であるかを裏付けるものである。運動の効用が叫ばれ、スポーツに関する報道が多くなっているにもかかわらず、実際には、日常生活の特別な時間をさいて運動やスポーツを行う機会を作ることができないという現状であることがうかがえる。そこで、日常生活のあらゆる機会をとらえて積極的に身体活動を増やすように心がけることが必要となる。たとえば、通勤や場所の移動の際には、自動車やバスの代わりに徒歩や自転車へ切り替えるとか、あるいは、エレベーターやエスカレーターの代わりに階段を利用するなど、機械による便利さを出来るだけ減らし、手足や全身を動かすことにかえていく努力が必要となる[3]。日常生活の中で意識して身体を動かすことは、運動の生活化を図る上で重要なことである。

§2　日常生活における運動量の測定

　運動不足が、成人病などの原因として健康上の大きな問題になっているこ

とを考慮すると、日常生活における運動状況を量的にも質的にもチェックすることが必要である。しかし、日常生活における運動量を日常の行動を制約せずに測定することは、機械文明が高度に発達した今日においても困難である。運動量は、エネルギー消費量を測定することによって求められ、kcalで表示されることが多い。実際に、エネルギー消費量を測定するためには、大別すると次のような4つの方法がある。

1）直接法と間接法

直接法は、代謝測定室を用いることによって求める方法で、身体から発生する熱量を直接的に測定するものである[4),5)]。この代謝測定室は、大掛かりな装置を必要とするものであり、この中で日常生活を行うことは難しい。

間接法は、ダグラスバッグを用いることによって求める方法で、バッグ内に呼気を収集した後消費された酸素量からエネルギー消費量を算出して間接的に求めるものである。ダグラスバッグによる方法は、携帯して移動も可能であることから、エネルギー消費量を求める最も一般的な方法として用いられている[4),5)]。しかし、ダグラスバッグに呼気を収集するために、ガスマスクを装着しなければならないという不自由さがある。

これらの直接法や間接法では、行動上の制約を伴わずに日常生活のエネルギー消費量を測定することは困難である。

2）心拍数による推定法

近年、心拍数の測定は、行動上の制約を伴わずに24時間以上の連続計測が可能になった。心拍数による測定法は、心拍数が酸素摂取量の変化と直線比例関係にあることから、心拍数（x）と酸素摂取量（y）の一次回帰式（y=ax+b）を作成し、1リットルの酸素摂取量を約4.8kcalとしてエネルギー消費量の推定を行う方法である[4)]。しかし、心拍数の連続測定はそれ程簡単ではなく、長時間の電極装着に起因する皮膚の炎症やデータの不正確さなどの指摘もある。また、心拍数測定装置は高価でだれもが手軽に測定できるものではないことから、これも実用的な方法とは言い難い[4~6)]。

3）生活時間調査（タイムスタディ）法

生活時間調査法は、調査員が被験者に終日同行して、日常生活の動作の種類と時間を克明に記録しておく（又は、本人が直接記録する）。そして、各々の動作に対応する既知のエネルギー消費量に体重と所要時間を乗じて、全エネルギー消費量を算出し測定するものである。この方法は、大がかりな装置や高価な機器を必要としないことから、だれもが利用できる利点がある。しかし、大変煩雑であり多大な労力と時間を必要とするので、これも簡便な方法ではない。

4）歩数計による方法

歩数計は、歩行歩数を測定する計器であり、歩行歩数からエネルギー消費量を推定する方法が試みられている。歩数計は、小型・軽量で操作も簡単であり、しかも廉価であることから、日常の行動を制約しないで日常生活の運動量を把握するためには最も実用的な計器であるといえる。

最近では、エレクトロニクスの進歩とともに歩数計も進化し、従来からのアナログ式からデジタル式へと変化し、多種・多機能が付いたものもでている。現在では、16社以上のメーカーによって、77種類以上の歩数計が作られ、年間販売量も200万個に及んでおり[7]、広く国民に歩数計が浸透している現状にある。

このように、簡便性・経済性・実用性に優れた歩数計を利用し、日常生活における運動を歩行歩数からとらえて検討していくことにする。

§3　歩数計によって日常生活の運動量と運動の強さを把握できる科学的根拠
1）歩数計の構造

歩行歩数の測定を可能にしたのは、主に、歩数計に負うところが大きい。歩数計は、一般に「万歩計」と呼ばれており、英語ではpedometer（ペドメータ）という。歩数計の構造と歩数測定の仕組みを、図4-1に示した[8]。歩数計は、構造的には振動計であり[9]、歩行時の身体動揺に対応して、バネ（A）で支えられた振り子（B）が上下に振動する時の頻度を計測する。ヒトの通常歩行時の加速度が約0.7Gであるため、市販の歩数計のバネは、この0.7Gに

第4章 運動と生活

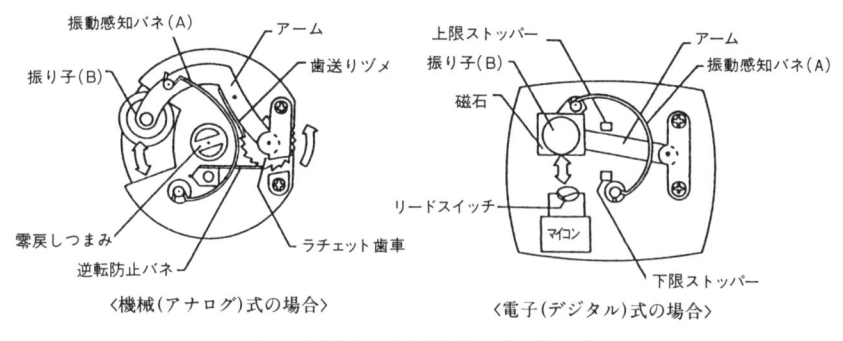

振動感知バネ(A) アーム 上限ストッパー アーム
振り子(B) 歯送りヅメ 振り子(B) 振動感知バネ(A)
磁石
リードスイッチ
マイコン
零戻しつまみ
逆転防止バネ ラチェット歯車 下限ストッパー
〈機械(アナログ)式の場合〉 〈電子(デジタル)式の場合〉

図4-1　歩数計の内部構造（大塚[8]、1992）

対応するように作られている。

2）歩数計の正確性

　歩数計を板に取付け、5種類の加速度で上下方向に各1000回振動させた時の、歩数計歩数の正確性が検討されている[10]。表4-2に示したように、誤差はわずかに0.3〜0.8%であり、機械的な条件下で、歩数計は、ほぼ正確に作動する。他方、実際に歩行・走行した条件下で、歩数計歩数の正確性を検討した結果が、図4-2である[10]。各種歩・走を行った場合の、歩数計歩数とカウンターで数えた実際の歩数（実歩数）とを比較すると、歩数計歩数と実歩数とが一致するのは、およそ分速100mから200mまでの範囲の歩行である。緩歩（分速100m以下）では、歩数計歩数は実歩数よりも少ない値を示し、逆

表4-2　10個の歩数計を板に取り付け加速度を変えて1000回の振動を与えた時の
　　　　歩数計歩数（星川ら[10]、1981）

加速度	歩数計歩数		
	平均	SD	誤差（%）
0.2	0	—	—
0.5	1003	2.7	0.3
0.7	1005	5.0	0.5
1.5	1008	2.7	0.8
2.0	1008	5.0	0.8

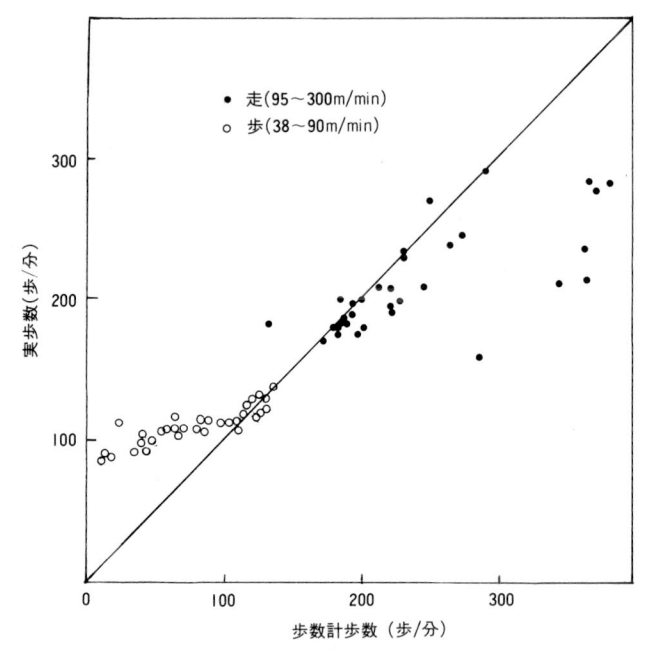

図4-2 様々な速度での歩・走行時の実歩数と歩数計歩数
(星川ら[10]、1981)

に、急歩(分速200m以上)では、歩数計歩数は実歩数よりも多い値を示す傾向がある[11~13]。

歩数計は、構造上一定の加速度(通常は約0.7G以上)で作用するようになっているために、歩数計歩数と実歩数との間には多少の違いが生じる。そこで、一定の加速度だけでなく、多種類の加速度を検出できるようにした商品(カロリーカウンター)も市販されている[4]。図4-3に示したのは、カロリーカウンターであり、多種類の加速度による歩数を検出した後演算し、消費カロリーとして表示する計器である。

第4章 運動と生活

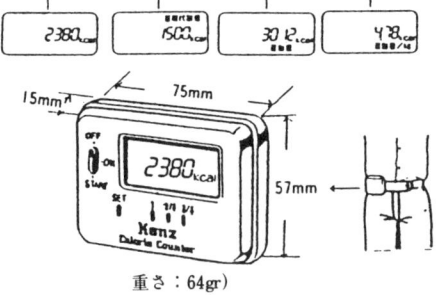

図4-3 カロリーカウンター（S社）の概略図（星川[6]、1989）

3）歩数計によって運動量と運動の強さを測定できる科学的根拠

歩数計歩数と消費カロリーとの関係を示したものが、図4-4である[14]。歩数計歩数は、消費カロリーとの間に統計的に有意な相関関係にある[14,15]。このことは、歩数計歩数からも運動によるエネルギー消費量を測定できることを示している。図4-4より、歩数計一万歩の運動量は、329.3kcalを示しており、厚生省が提示している健康のための付加運動によるエネルギー消費量の300kcal／日にほぼ相当している[16]。

歩数計は、実歩数を正確に測定する計器として多少の限界があるものの、むしろ歩数計の値を量的なものとしてとらえ、歩数計による歩数は、運動量を示すものとして利用することの方が実際的である[17]。つまり、歩数計による総歩数が、運動量の指標になるということである。

また、歩数計歩数を所要時間で割ることにより、時間当りの歩数計歩数を求めることができる。時間当りの歩数計歩数は、心拍数[18]、酸素摂取水準（％$\dot{V}O_2$max）[18,19]、エネルギー代謝率（RMR:Relative Metabolic Rate）[18]、および主観的運動強度（R.P.E. :Rating of Perceived Exertion）[18]などの運動の強さを示す指標との間に、統計的に有意な相関関係にある。つまり、時間当りの歩数計歩数が、運動の強さの指標になる。

これらの科学的根拠に裏付けられ、歩数計は、日常生活における運動量や運動の強さを測定できる最も簡便で実用的な計器であるといえる[20]。

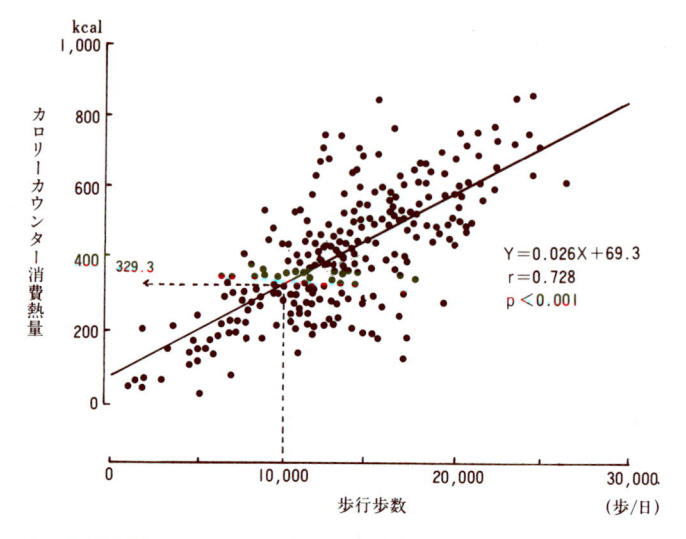

図4-4 歩行歩数とカロリーカウンター消費熱量との関係（星川・森[15]、1991）

4) 歩数計による日常生活の運動量と運動の強さの測定

日常生活の歩行歩数を測定する場合、歩数計では、一日の総歩数を知ることはできるが、時間経過に伴う歩数計歩数の変化や時間当りの歩数計歩数を容易に知ることはできない。そこで、時間当りの歩数計歩数の経時的変化を表示（アクトグラム）し、記録できる装置（アクトコーダ）が開発されている[21,22]。

図4-5は、その概略を示したものである。アクトコーダには、市販の歩数計が用いられ、歩数計のカウント数を電気信号として導出する工夫がされている。

図4-6は、アクトグラムの例を示したものである[20]。アクトグラムによって囲まれる部分の面積は、歩数計総歩数であり、それは運動量を表している。一方、時間当りの歩数計歩数は、アクトグラムの高さであり、それは運動の強さを表している[20]。

図4-7のように、アクトグラムは、運動の強さを表す心拍数との間に、統

第4章 運動と生活

計的に有意な相関関係にあることが認められる[21]。アクトグラムが高い時は、心拍数も高くなっており、アクトグラムから日常生活の運動の強さの程度を知ることができる。

　図4-8は、65歳の定年退職者の日常生活行動時のアクトグラムを示したものである。一日の時間経過に伴う運動の強さの変化や運動量が一目瞭然である。

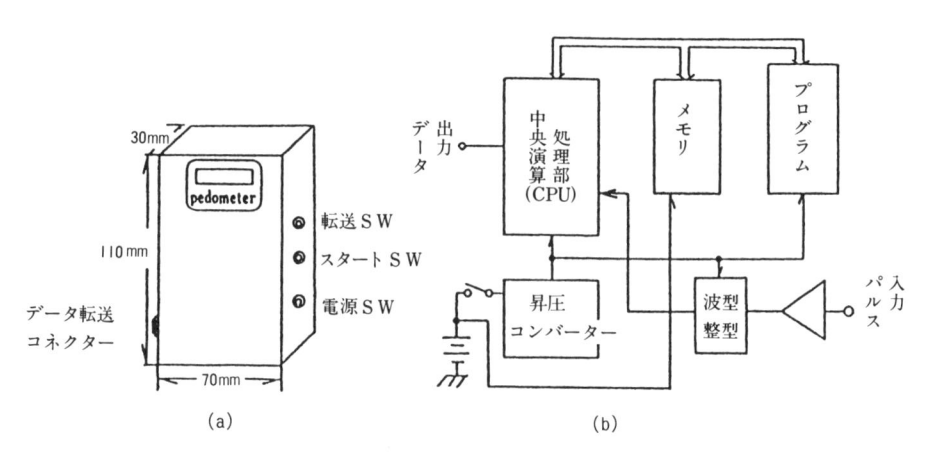

図4-5　アクトグラムの装置とその構造システム（星川ら[21]、1992）

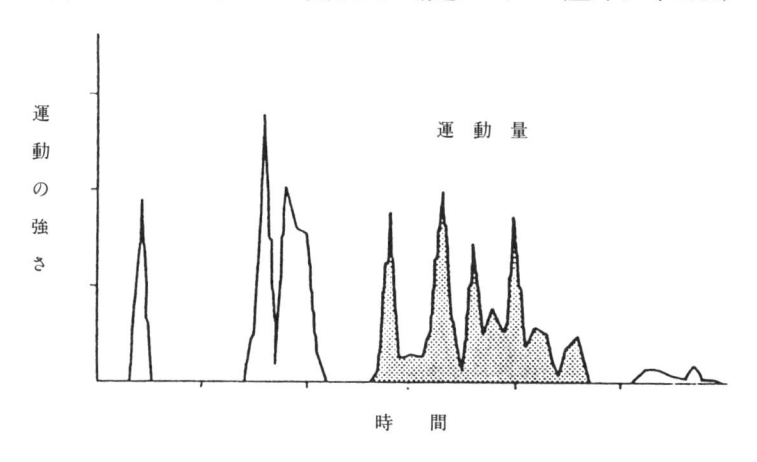

図4-6　アクトグラムの模式図（星川ら[20]、1992）

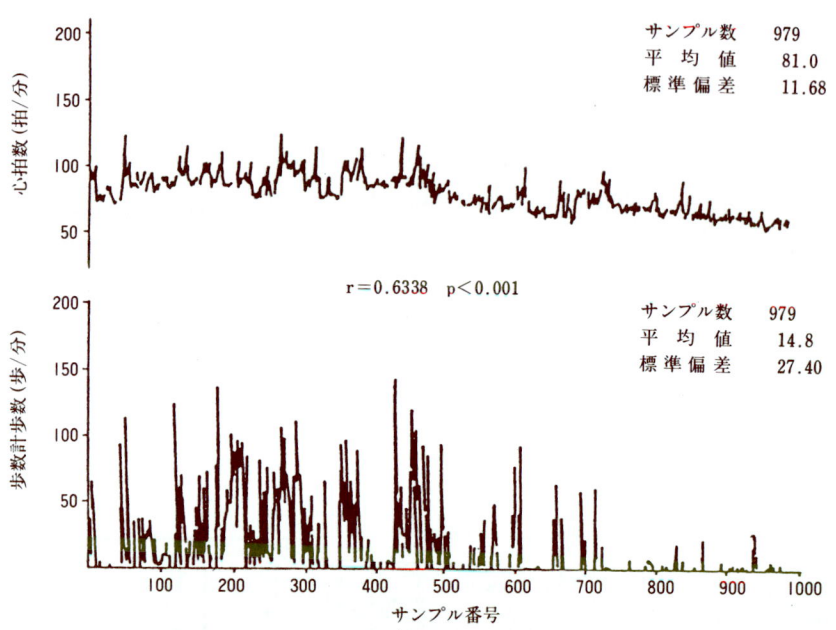

図 4-7　歩数計歩数と心拍数記憶装置の同時使用による
　　　　成人の歩行歩数と心拍数の一日の時系列変化（星川ら[21]、1992）

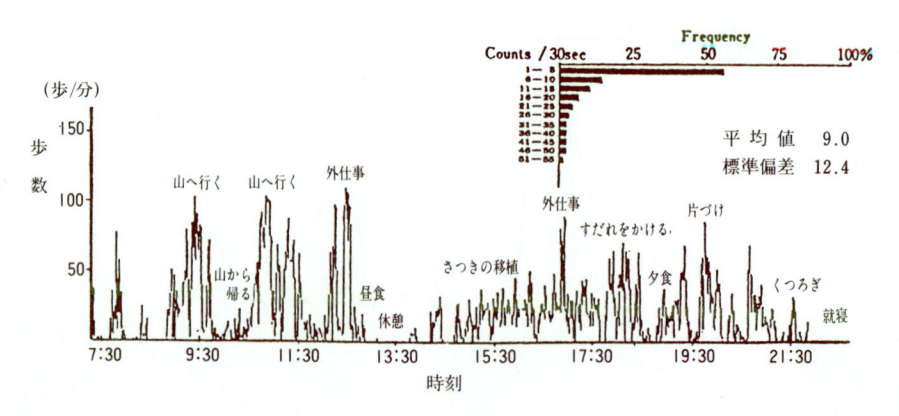

図 4-8　65歳の定年退職者の日常生活行動時のアクトグラム（星川ら[21]、1992）

§4 歩行歩数からみた日常生活の運動量と運動の強さ

1) 年齢による違い

　幼児から大学生までの一日の歩行歩数の調査結果を示したものが、表4-3である[23]。一日の歩行歩数は、小学校低学年(小1～小3)で最も多く、男子が22000歩で女子が17000歩である。その後年齢が高くなるほど減少傾向を示し、高校3年では最も少なく、男女とも5000歩程度である。また、一日の歩数のうち学校での歩数を、体育授業のある日とない日に分けてみると、体育授業のある日の歩数は、ない日よりも多くなっている。具体的には、体育授業のある日の歩数は、ない日よりも、小・中学生では平均30～50％増、高校生では平均290％増になっている。これらのことから、体育授業時の運動量は、日常生活の中で重要な意味をもっているといえる。特に、中学3年と高校3年の受験期には運動量が少なくなっており、受験勉強のため日常生活の中で運動を行えないからこそ、体育授業時に運動量を確保することが必要不可欠であるといえる。

　表4-4は、小学校・中学校・高等学校・大学における体育授業時の歩行歩数からみた運動量を示したものである[24]。各教材の歩行歩数は、およそ1000～5000歩の範囲にある。特に、大学体育授業時の歩行歩数約5000歩は、表4-3の大学生一日の歩行歩数約8500歩から推定すると、約59％の大きな割合を占めている。大学生にとっても体育授業時の運動量は、現代生活の中で必要不可欠になっているといえる。

　図4-9は、大学体育授業時のアクトグラムを示したものである[25]。歩行歩数の最も多い（運動量の最も多い）内容は、サーブ・レシーブ・ストロークなどの練習であり、分当りの歩行歩数が最も高い（運動の強さの最も強い）内容は、試合である。

　表4-5は、日本人の一日の歩行歩数の平均値を示したものである[1]。30・40歳代で約7500歩、50歳代で7000歩、60歳代で6000歩、70歳以上では約3700歩である。加齢とともに歩行歩数は減少している。特に70歳以上の低下が著しい。これら各年代の一日の歩行歩数の平均値は、すべて一万歩を下回って

表 4 - 3 幼児から大学生までの一日の歩行歩数調査結果
(愛知教育大学体育教室[23]、1983)

学校	学年	男子 人数 N	男子 1日の歩数 歩数/日 (S.D.)	男子 学校での歩数 体育のある日 歩数/時 (S.D.)	男子 学校での歩数 体育のない日 歩数/時 (S.D.)	女子 人数 N	女子 1日の歩数 歩数/日 (S.D.)	女子 学校での歩数 体育のある日 歩数/時 (S.D.)	女子 学校での歩数 体育のない日 歩数/時 (S.D.)
幼稚園	年中	34	16,430 (4,100)			32	14,820 (3,970)		
幼稚園	年長	20	14,820 (3,140)			30	12,690 (2,530)		
小学校	1	104	22,520 (11,380)	2,020 (1,000)	1,800 (1,130)	107	15,910 (7,270)	1,860 (1,070)	1,510 (1,180)
小学校	2	67	20,520 (6,560)	1,920 (670)	1,870 (1,210)	44	16,500 (4,470)	1,510 (550)	1,160 (490)
小学校	3	155	22,230 (10,470)	2,170 (1,250)	1,810 (1,320)	114	17,810 (9,840)	1,690 (872)	1,410 (1,100)
小学校	4	63	18,100 (5,450)	1,750 (490)	1,130 (360)	59	14,250 (12,610)	1,010 (436)	710 (280)
小学校	5	117	19,260 (6,320)	1,690 (560)	1,090 (450)	109	15,030 (6,990)	1,240 (400)	850 (330)
小学校	6	62	18,680 (9,050)	1,420 (540)	880 (550)	56	11,930 (4,300)	1,150 (390)	540 (180)
中学校	1	62	15,020 (9,180)	1,040 (450)	680 (300)	54	12,210 (9,510)	640 (340)	520 (324)
中学校	2	65	12,760 (5,940)	860 (300)	730 (410)	58	10,260 (380)	590 (215)	480 (330)
中学校	3	62	10,250 (8,035)	1,100 (360)	610 (867)	62	8,060 (2,740)	730 (290)	390 (140)
高等学校	1	32	10,950 (3,300)	1,040 (210)	340 (200)	48	8,400 (2,020)	860 (220)	350 (150)
高等学校	2	57	9,650 (3,520)	890 (270)	290 (190)	64	8,370 (8,950)	640 (100)	260 (130)
高等学校	3	31	5,110 (1,210)	580 (110)	160 (80)	35	5,510 (1,850)	590 (240)	210 (90)
大学		59	8,950 (2,970)			83	8,210 (2,740)		

第4章 運動と生活

表4-4 小学校、中学校、高等学校、大学の体育授業の各教材の歩行歩数
(森ら[24]、1992)

学校	教材名	学年	時間(分) 男	時間(分) 女	ペドメータ歩数(歩) 男	ペドメータ歩数(歩) 女	分当りのペドメータ歩数(歩/分) 男	分当りのペドメータ歩数(歩/分) 女	
小学校	サッカー	1年	40	40	2836	2741	70.9	68.5	
		2年	40	40	3403	2939	85.1	73.5	
		3年	40	40	2984	3055	74.6	76.4	星川ら[6]
		4年	40	40	3225	2853	80.7	72.0	
		5年	40	40	3072	3189	76.8	79.7	
		6年	40	40	3361	3078	84.0	77.0	
	ドッチボール	1年	40	40	3042	2945	76.1	73.5	
		2年	40	40	3034	2762	75.9	69.1	
		3年	40	40	3095	3150	77.4	78.9	
	バスケットボール	5年	40	40	3424	3295	95.6	82.4	
		6年	40	40	2917	2996	72.9	74.9	
	ハードル走	5年	40	40	3747	3744	93.7	93.6	
中学校	器械運動	1・2年	50	50	2129	—	33.5	—	
	ダンス	2・3年	50	50	—	1614	—	32.7	
	剣道	1年	50	50	997	—	20.0	—	
	陸上競技(砲丸投)	2・3年	50	50	—	1925	—	36.7	
	陸上競技(リレー走)	2・3年	50	50	—	2662	—	52.3	星川ら[8]
	陸上競技(持久走)	2・3年	50	50	—	3757	—	76.8	
	バレーボール	1・2年	50	50	1517	—	30.3	—	
	バスケットボール	1・2・3年	50	50	2047	2424	41.0	48.5	
	サッカー	1年	50	50	2944	—	58.9	—	
		3年	50	50	3931	—	78.6	—	
高等学校	ハンドボール	3年	39.2	—	3899	—	99.5	—	
	ソフトボール	3年	44.5	42.8	3047	2681	68.5	62.7	
	軟式テニス	3年	43.9	42.4	3499	3203	79.7	75.6	大塚ら[11]
	陸上競技(5種競技)	3年	40.2	41.0	2317	2246	58.0	54.8	
	バレーボール	2年	43.0	41.9	2514	2258	57.6	53.5	
	バスケットボール	3年	—	42.6	—	2786	—	65.4	
大学	サッカー	1年	64.6*		5096*		78.3*		
	エアロビクス	1年	67.6*		4715*		69.8*		長沢ら[21]
	バドミントン	1年	91.4*		5066*		55.4*		
	ソフトボール	1年	68.7*		3894*		56.7*		
	硬式テニス	1年	—	60.0	—	2494	—	41.6	森ら[15)22]

注)小・中は授業時間、高・大は実動時間　*:(男女平均)

図4-9 大学テニス授業時のアクトグラムから求めた歩行歩数と分あたり歩数
(森ら[25]、1992)

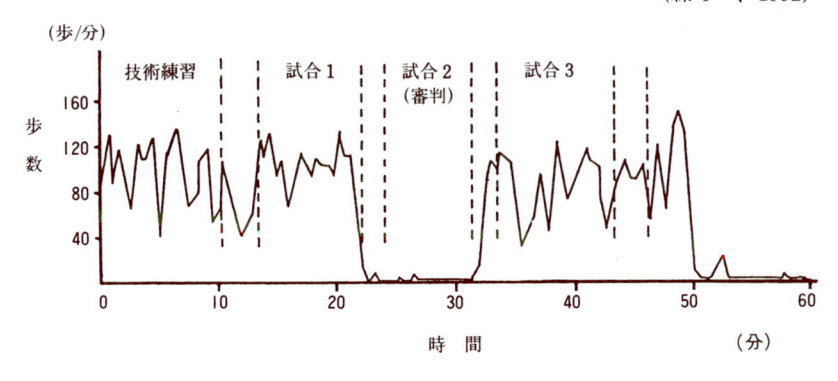

No.	学習活動内容	時間(分)	(%)	歩行歩数(歩)	(%)	分当り歩行歩数(歩/分)
	・授業の準備					
	・教師の話（学習課題の提示）	───		───		───
	・各グループ内でのミーティング					
1.	技術練習（サーブ、ストロークなど）	9.5	15.8	947	25.4	99.6±26.8
2.	試合の準備	3.5	5.8	227	6.1	64.8±23.6
3.	試合1	8.5	14.3	852	22.8	100.2±19.6
4.	試合の準備	2.0	3.3	71	1.9	35.6±44.4
5.	試合2（審判）	8.0	13.3	6	0.2	0.8± 1.8
6.	試合の準備	1.5	2.5	43	1.2	28.6±30.0
7.	試合3	10.0	16.7	847	22.8	84.8±26.8
8.	ボール集め、後片付け	4.0	6.7	326	8.8	81.6±22.1
9.	コート整備	5.0	8.3	380	10.2	76.0±57.8
10.	教師の話（学習の反省）	1.0	1.7	18	0.5	18.0± 4.0
11.	各グループ内でのミーティング	5.0	8.3	0	0	0
12.	教師の話（学習のまとめ）	2.0	3.3	4	0.1	2.6± 2.6
		60.0	100.0	3721	100.0	62.6±47.8

表4-5　一日の平均歩行歩数（歩）(厚生省[1]、1991)

	総数	男	女
30〜39歳	7,523	7,986	7,154
40〜49	7,429	7,799	7,125
50〜59	6,918	7,368	6,527
60〜69	5,958	6,321	5,669
70歳以上	3,702	4,277	3,318

おり、厚生省の提示している健康のための付加運動によるエネルギー消費量の200〜300kcalには達しておらず、現代の日本人の運動不足の実態を表している。

日頃から自分自身の日常生活の歩行歩数を測定し、自分自身の歩行歩数の平均値を知っておくことは重要である。そうすれば、その日の歩行歩数が、平常に比べて多いのか少ないのかを判断することができ、個人の変化を把握することができる。個人にとっては、このことが一番重要である。どれだけの歩行歩数があれば適当であるかという基準は、実際には個人差が大きいので、年齢や性別以外に体重やエネルギー摂取量等を考慮にいれて設定する必要がある。

2）職種による違い

各職種ごとの典型的な一日の歩行歩数の推定値を示したものが、表4-6[26]と表4-7[27]である。サラリーマンを例にとると、歩行歩数は、休日在宅時に2850歩、マイカー通勤時に3620歩、バス通勤時に8280歩である。屋外での時間が多くて歩く機会が多くなるほど、一日の歩行歩数は必然的に多くなる。歩行歩数を職種から比較すると、管理職の歩行歩数が少なくなっている。

また、主婦のライフスタイルと歩行歩数の関係を示したものが、図4-10である[28]。主婦の一日の平均的基本歩数は約4500歩であるが、ライフスタイルによって一日の歩行歩数は大きく変化する。外出に伴う移動が加わると約3000歩増、またショッピングで約2800歩増、子供の送迎で約2500歩増になる。これに、さらに特別なスポーツが加われば、容易に一万歩に達することができる。意識して屋外に出ることによって、運動量を増やすことができる。

表 4-6
各職種ごとの典型的な一日における歩行歩数の推定値(波多野[26]、1987)

職　種	歩行歩数
サラリーマン	5,800
ＯＬ	5,380
技　術　職	4,600
管理職　社　長	4,000
管理職　部・課長	4,980
公　務　員	5,700
教員　小　学　校	6,730
教員　中　学　校	6,050
教員　高　校	6,100
教員　大　学	5,500
教員　保　母	6,950
自由業　翻　訳	4,100
自由業　コンサルタント	5,200
自由業　デザイナー	5,200
自営業　男	5,850
自営業　女	7,650
セールスマン	5,700
無　職　老　人	2,800
主　　婦	4,500
休日在宅(有職者)	2,930

表 4-7
各職種ごとの一日における歩行歩数(波多野[26]、1987)

種　類	生活内容	測定日数	歩数／日
サラリーマン	マイカー通勤	10	3,620
〃	バス通勤	26	8,280
〃	休日在宅	18	2,850
〃	休日(雨)	3	1,270
看　護　婦	電車通勤	8	9,875
小学校教員		9	8,980
中学体育教員	クラブ指導も	11	16,970
大　学　教　授	マイカー通勤	4	5,750
主　　婦	家から出ずに	5	2,570
〃	買物など	44	5,680
〃	スポーツ好き	8	16,380
大　学　生	バス通学	30	6,670
〃	近くに下宿	5	4,320
〃	アルバイトあり	7	12,410
〃	帰省中	5	1,420
高　校　生	徒歩通学	7	11,060
〃	クラブ練習あり	18	16,910
〃	休日(雨)	2	4,500
中　学　生	クラブ練習あり	4	19,800
〃	徒歩通学	10	12,400
小　学　生	よく遊ぶ	25	27,600
〃	雨の日	6	9,650
〃	静かな子(晴雨)	5	7,260
幼　稚　園　児	よく遊ぶ	3	27,550
〃	雨の日	2	8,720
老　　人	朝夕散歩	5	5,680
特殊な例	夏山登山	3	34,100
	信濃路を歩く	5	57,820
	サンフランシスコ観光	1	24,680
	大陸横断鉄道(車内)	1	2,110
	飼犬(老人と散歩)	1	5,810
	飼猫	1	2,200

第4章 運動と生活　　　　　　　　　　　　　　　89

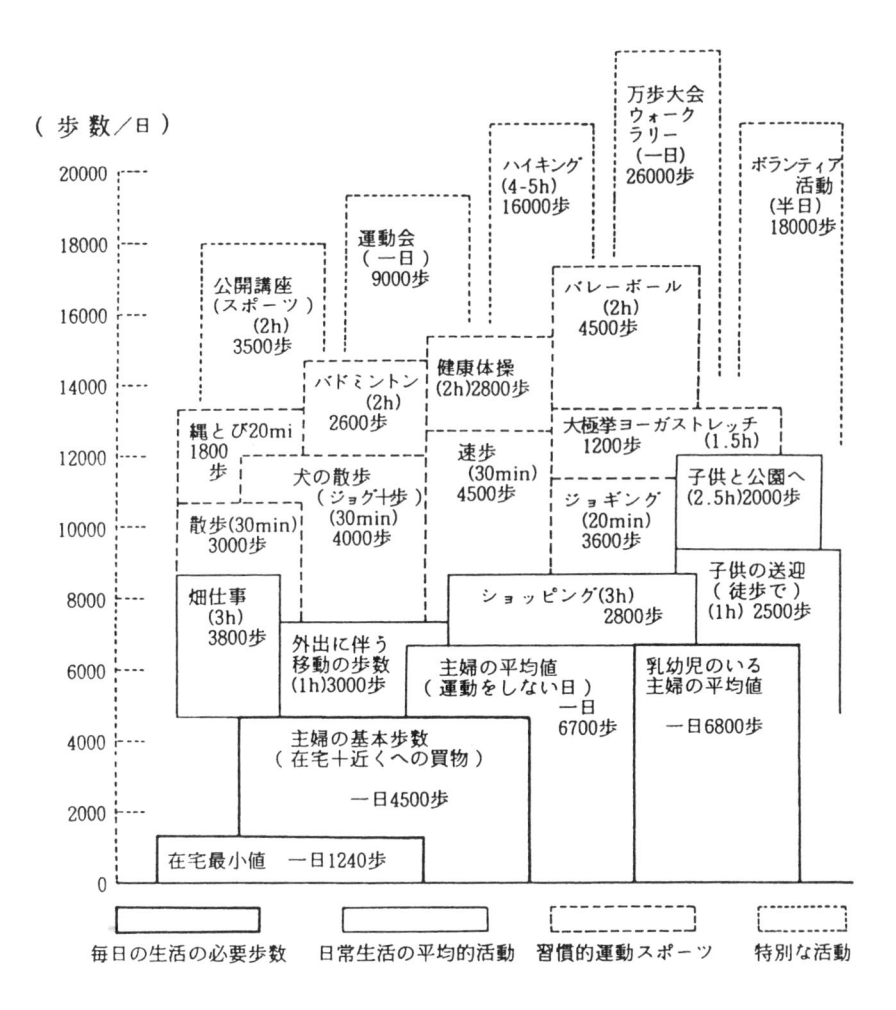

図4-10　主婦のライフスタイルと歩行歩数（n=49、平均年齢44歳）（波多野[28]、1987）

3）生活パターンによる違い

　図4-11-（a）は、専業主婦の日常生活行動時のアクトグラムを示したものである[21]。主婦の一日は、食事の準備、後片付け、掃除、洗濯などの家事が主で、分当りの歩行歩数が低い運動が長く続き、実に多忙な生活状況であることがわかる。図4-11-（b）、（c）は、（a）の7時30分から9時10分までと17時30分から19時10分までのそれぞれ100分間を拡大したアクトグラムである。時間幅が拡大されて、運動量の把握が容易になる。

　図4-12は、運動部活動に参加している中学2年生のアクトグラム（a）と、入学試験準備のために運動部活動を停止した中学3年生のアクトグラム（b）をそれぞれ示したものである[29]。入学試験準備のために運動部活動を停止した場合の歩行歩数は、参加している場合に比べて、24677歩から38％減の9229歩に、また、分当りの歩行歩数は25.1歩／分から9.0歩／分と低くなっている。

　図4-13は、運動部に所属している女子大学生の、運動部活動を実施している日のアクトグラム（a）と運動部活動を実施しない日のアクトグラム（b）をそれぞれ示したものである。運動部活動を実施している日の歩行歩数は、実施しない日に比べて、10067歩から約1.7倍増の17092歩に、また、分当りの歩行歩数も12.7歩／分から19.2歩／分と高くなっている。

　このように、生活の中に運動が位置づいているか否かによって歩行歩数からみた運動量や運動の強さは大きく変化する。

第 4 章　運動と生活

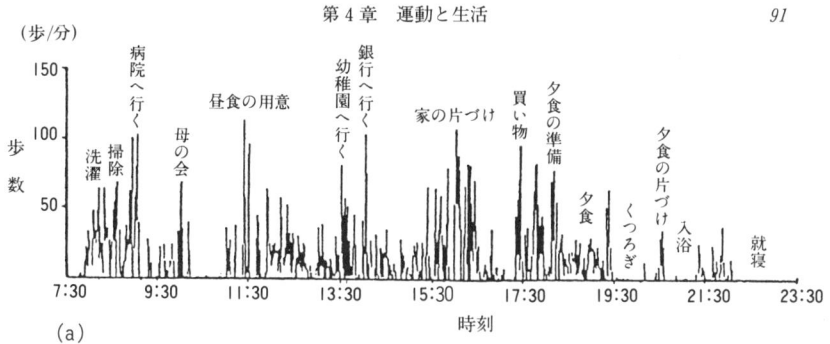

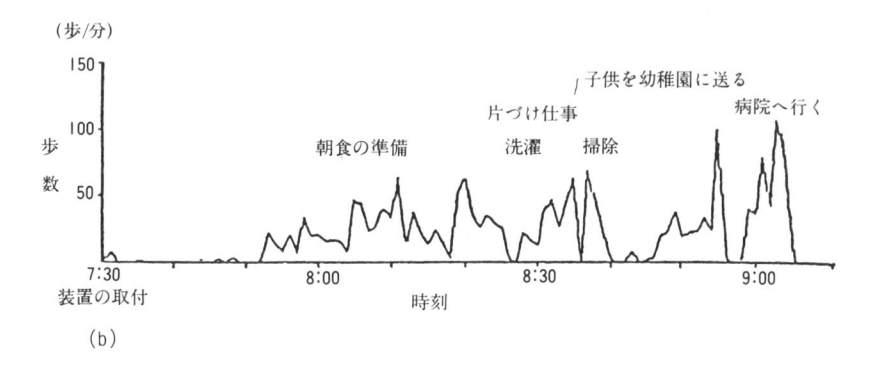

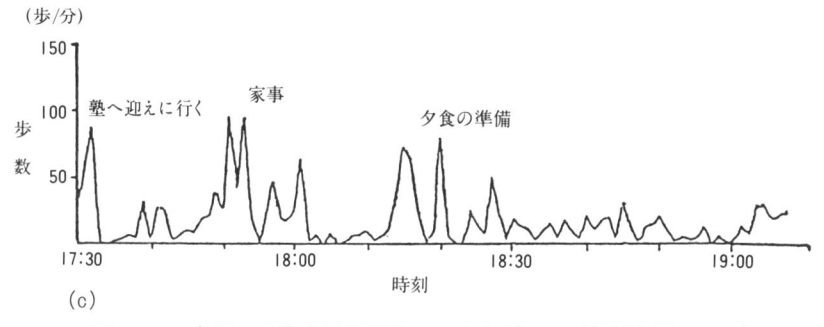

(a)

(b)

(c)

図 4-11　主婦の日常生活行動時のアクトグラム（星川ら[21]、1992）

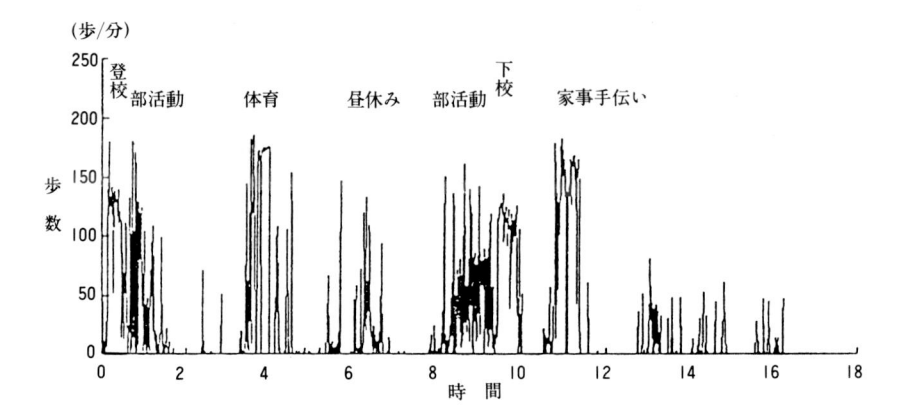

(a) 運動部活動に参加している中学2年生女子生徒のアクトグラム

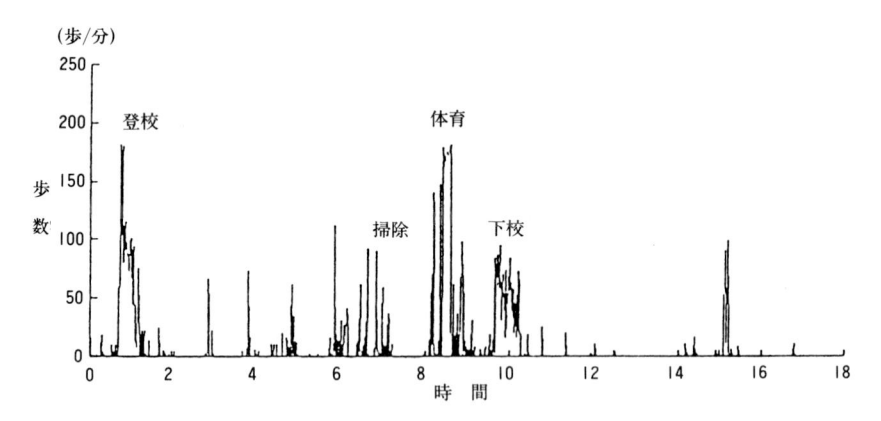

(b) 入試試験準備のために運動部活動を停止した中学3年生女子生徒のアクトグラム

図4-12　運動部活動に参加している中学2年生のアクトグラム(a)、入学試験準備のために運動部活動を停止した中学3年生のアクトグラム(b)　　　　　　　　　(星川ら[21]、1992)

第4章 運動と生活

(a) 運動部活動を実施している日

(b) 運動部活動を実施しない日

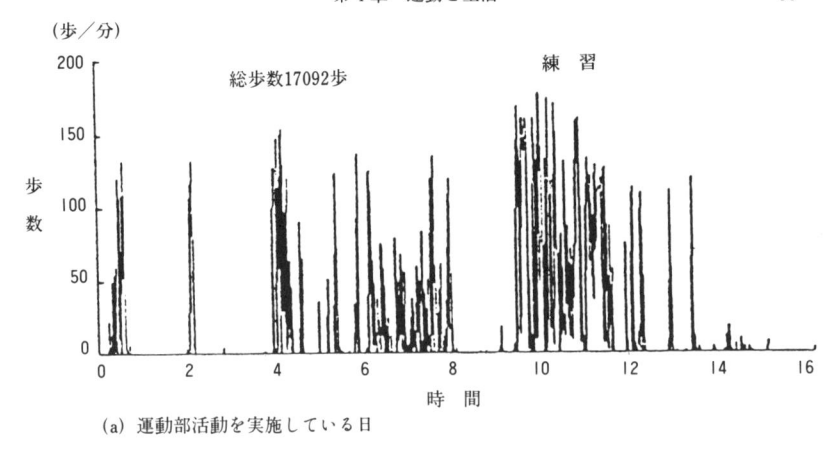

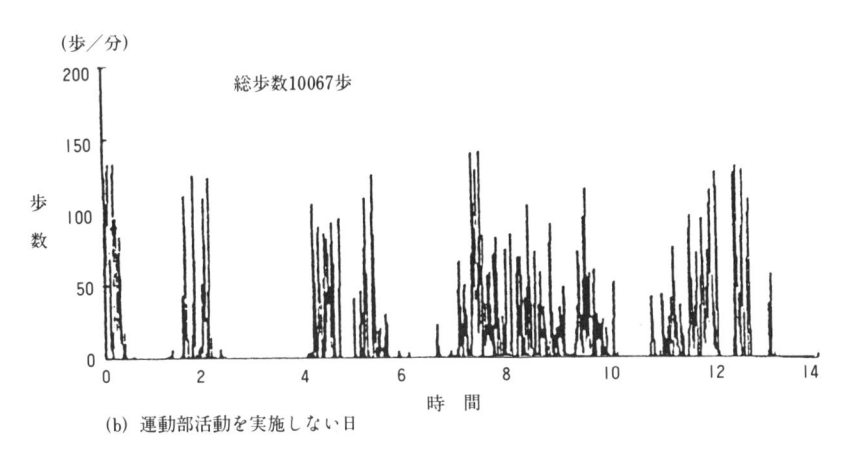

図4-13 女子大学生における運動部活動を実施している日のアクトグラム(a)と運動部活動を実施しない日のアクトグラム(b)

§5 歩行歩数と健康・体力との関係

1) 一日の歩行歩数と血圧との関係

高血圧患者に対する運動療法によって、降圧効果が認められている。図4-14は、一日の歩行歩数と血圧値との関係を示したものである[1]。男女ともに、最高血圧と最低血圧は、一日の歩行歩数が多い者ほど低下する傾向にある。

男性の場合、一日の歩行歩数が2000歩未満の者と一万歩以上の者では、最高血圧の平均値が144mmhgと134mmhgで10mmhgの差が認められる。また、女性の場合のそれらは、145mmhgと129mmhgで16mmhgの差が認められる。

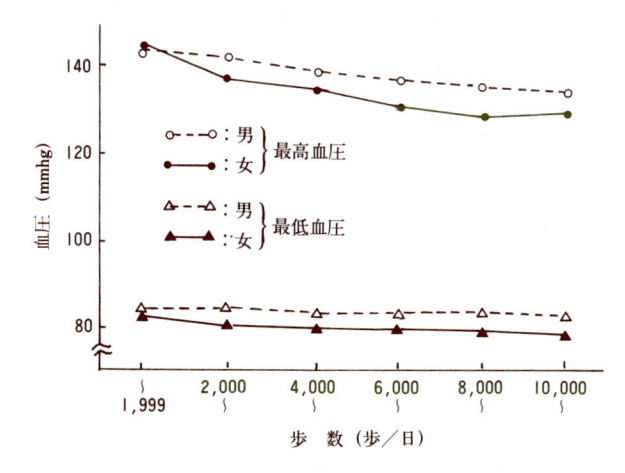

図4-14　一日の歩行歩数と血圧値との関係　（厚生省[1]、1991）

2）一日の歩行歩数と便通との関係

便通は、生活習慣の規則性を表す健康度の指標として、個人で簡単に自覚できるものである。図4-15は、一日の歩行歩数と便通の自覚症状との関係を示したものである[1]。毎日便通のある者は、一日の歩行歩数が多く、約5000～6000歩である。便通頻度が少なく不定期な者は、一日の歩行歩数が4000歩前後の値を示し、毎日便通のある者と比べて歩行歩数は少ないことが認められる。

3）一日の歩行歩数と血液性状との関係

運動習慣の違いが血液性状に及ぼす影響については、数多くの報告がある。血液中のLDL―コレステロールは、動脈硬化を引き起こす作用があり、他方、HDL―コレステロールは、血管壁に沈着したLDL―コレステロールを除き動脈硬化を防ぐ作用を持つと言われる。

第4章 運動と生活

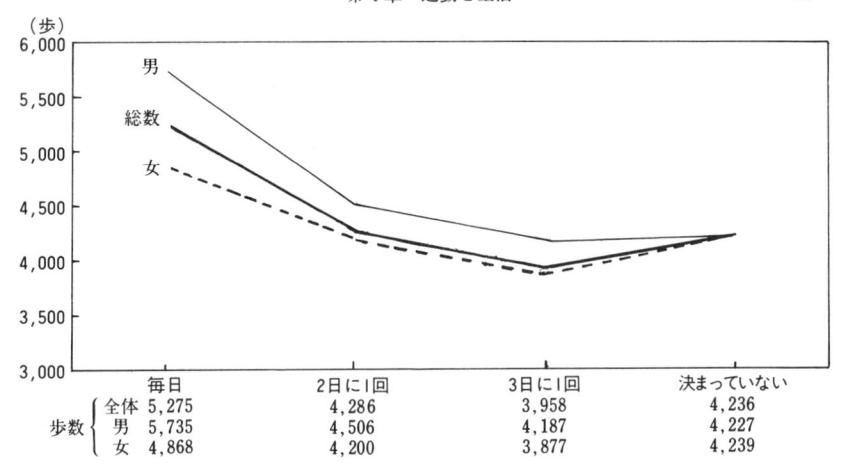

(歩)

	毎日	2日に1回	3日に1回	決まっていない
歩数 全体	5,275	4,286	3,958	4,236
男	5,735	4,506	4,187	4,227
女	4,868	4,200	3,877	4,239

図4-15　便通と一日の歩行歩数との関係

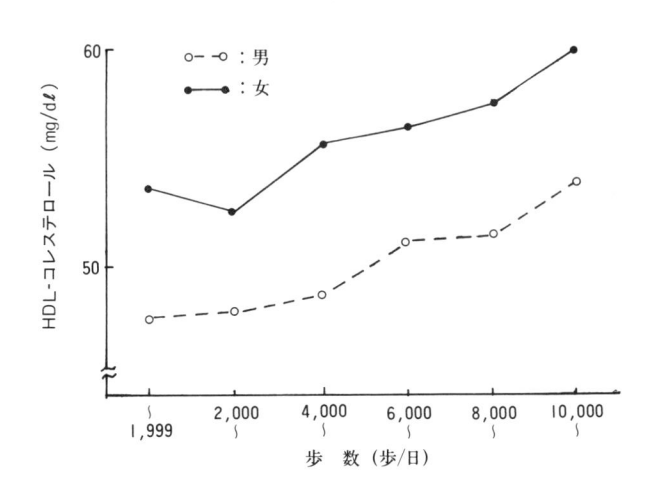

図4-16　一日の歩行歩数とHDL-コレステロール(mg/dℓ)との関係
(厚生省[1]、1991)

一般に、運動不足の者は、LDL―コレステロール値が高くHDL―コレステロール値は低いと言われている。一方、スポーツ競技者は、LDL―コレステロール値が低くHDL―コレステロール値は高いと言われている。図4-16は、一日の歩行歩数とHDL―コレステロール値との関係をみたものである[1]。男女ともに、一日の歩行歩数の上昇とともにHDL―コレステロール値も上昇する傾向にある。このことは、一日の歩行歩数で代表されるような日頃の運動量の違いが、血液性状にも影響を及ぼすことを示している。

4）一日の歩行歩数と体力との関係

人間の体力の有酸素的作業能力を表す指標として、最大酸素摂取量やPWC$_{170}$テストがある。一日の歩行歩数は、最大酸素摂取量及びPWC$_{170}$テストとの間に、統計的に有意な相関関係にあることが報告されている[30,31]。これらのことから、歩行歩数が多いほど、最大酸素摂取量が多く有酸素的作業能力が高いといえる。日常生活における歩行が、呼吸・循環機能にも良い影響を及ぼしている。

5）一日の歩行歩数と運動意識との関係

一日の歩行歩数と運動意識との関係を示したものが、図4-17である[28]。年代によっては多少異なるが、全年代を合計した結果によると、男女ともに、「意識して体を動かした生活」の方が、「普通の生活」よりも歩行歩数は多くなっている。逆に、「ほとんど体を動かさない生活」は、「普通の生活」よりも歩行歩数は少なくなっている。日頃の運動に対する意識の違いが、一日の歩行歩数を左右している。したがって、限られた日常生活のなかで、「意識して体を動かす」ことが、運動量を増やす重要な鍵になる。

第4章 運動と生活　　　　　　　　　　　　　　　　　97

A:意識して体を動かした生活
B:普通の生活
C:ほとんど体を動かさない生活

(a) 男　　　　　　　　　(年代) (n=203)

A:意識して体を動かした生活
B:普通の生活
C:ほとんど体を動かさない生活

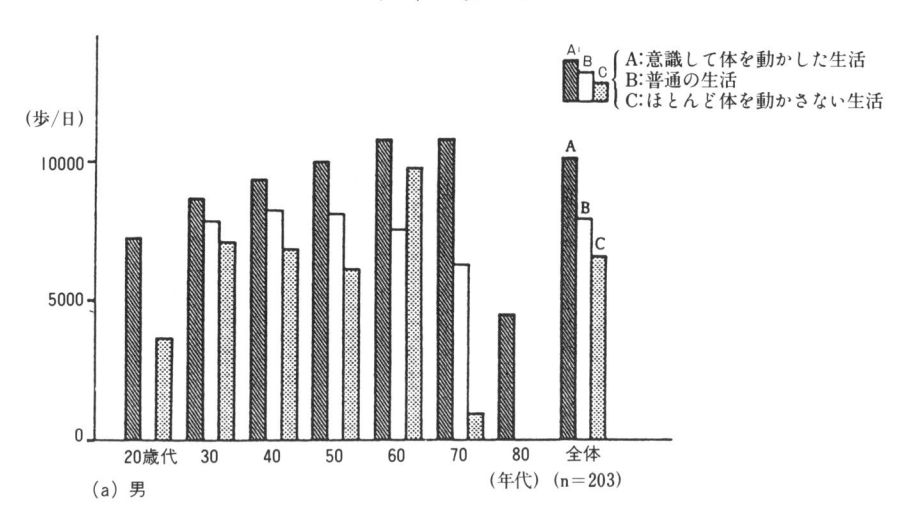

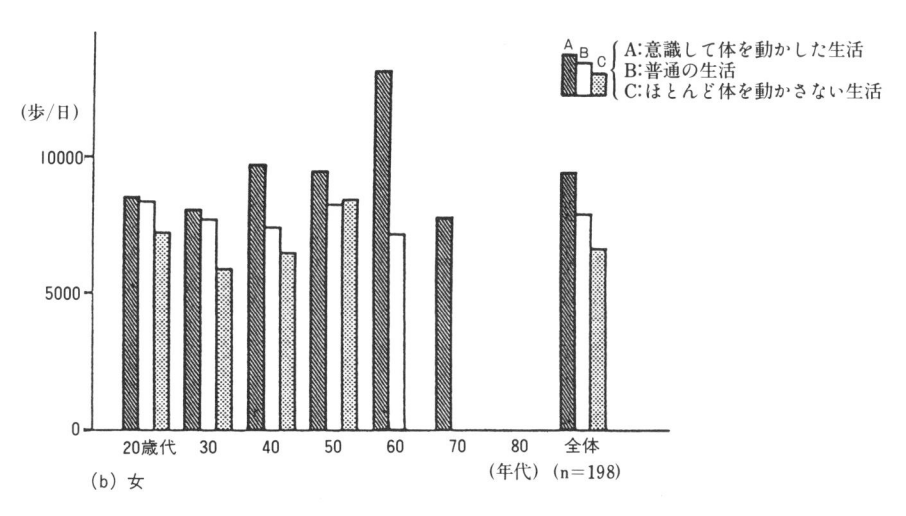

(b) 女　　　　　　　　　(年代) (n=198)

図4-17　日常の運動への意識と歩行歩数の関係（年代別）
　　　　男(a)、女(b)　　　　　　　　（波多野[28]、1987）

我々は、便利さだけの理由から身体活動を排除するのではなく、人間から奪われた身体活動が、本来人間にとって必要なものであることを再認識し、生活の中にもう一度、身体活動を取り戻していく努力が必要である。そのためには、今から何か新しい運動やスポーツを始めるということばかりでなく、日常生活のあらゆる機会をとらえて、積極的に「意識して体を動かす生活」を送ることが重要である。まず、最も身近な"歩く"ことを考えてみよう。

参考引用文献

1) 厚生省保健医療局健康増進栄養課：国民栄養の現状，第一出版，1991．
2) 体育科学センター：成人病の治療と予防の基礎と実際―アクティブライフプランニング―，杏林書院，181，1993．
3) 宇土正彦：教養としての保健体育，大修館書店，146，1993．
4) 星川保：一日の消費熱量の測定，保健の科学，31-7，425-431，1989．
5) 橋本勲：運動量の測定と評価，臨床スポーツ医学，1：650-655，1984．
6) 加賀谷淳子：心拍数に基づいた消費カロリーの算出法とその問題点，体育の科学，36：858-869，1986．
7) 星川保，森悟：歩数計の有用性と問題点，Health Sciences, 9-4, 217-227, 1993．
8) 大塚貴子：スポーツ医学からみた歩数計の使い方，臨床スポーツ医学，9-2, 144, 1992．
9) 波多野義郎：ペドメターによる歩数測定，保健の科学，30-6, 375, 1989．
10) 星川保，豊島進太郎，宮崎保信，近藤欽，出原錬雄，松井秀治：Pedometer の歩数および心拍数からみた小学校体育授業時の活動量について，体育科学，9：1-11, 1981．
11) Gayle, R., H. J. Montoye and J. Philpot : Accuracy of pedometers for measuring distance walked. Res. Quart. 48：636-562, 1977．
12) Kemper, H. C. G., and R. Vershuur : Validity and reliability of

pedometers in habitual activity resarch. Euro. J. Appl. Physiol. 37： 71-82, 1977.
13) Saris, W. H. M., and R. A. Binkhorst：The use of pedometer and actometer in studying daily physical activity in man. Part Ⅰ：Reliability of pedometer and actometer, Euro. J. Appl. Physiol. 37： 219-228, 1977.
14) 星川保, 森悟, 松井秀治：中学生の日常身体活動量 ―カロリーカウンターとペドメーターによる―, 体育科学, 19：7-19, 1991.
15) Saris, W. H. M., and R. A. Binkhorst：The use of pedometer and actometer in studying daily physical activity in man. Part Ⅱ：validity of pedomter and actometer measuring the daily physical activity, Euro. J. Appl. Physiol. 37：229-235, 1977.
16) 厚生統計協会：厚生の指標, 34-3, 1987.
17) 星川保, 松井秀治, 出原錬雄, 佐野智：ペトメーター歩数からみた小学生5・6年生の日常生活における身体活動量, 体育科学, 15：56-66, 1987.
18) 長沢弘, 丸地八潮, 竹本洋, 天野義裕, 米田吉孝, 吉田正, 合屋十四秋, 鬼頭伸和, 中神勝, 桑原信治, 星川保, 豊島進太郎, 林千代子, 山中市衛, 島岡清, 藤墳規明：東海地区大学一般体育実技における体力づくりに関する研究―万歩計使用による運動の質と量の検討及び各大学の実践報告 (その2), 大学保健体育研究, Ⅱ：44-48, 1981.
19) 星川保, 豊島進太郎, 鬼頭伸和, 出原錬雄, 松井秀治：ペトメータ歩数と酸素摂取量との関係―中学校体育のバレーボール, サッカー, バスケットボール教材について, 体育科学, 14：7-14, 1986.
20) 星川保, 池上康男, 森悟, 松井秀治：体育授業の運動処方へのアクトグラムの応用, 体育科学, 20：6-16, 1992.
21) 星川保, 豊島進太郎, 池上康男, 森悟, 斉藤由美：アクトグラムの体力科学への応用―日常身体活動の記録法―, 体力科学, 41：174-182, 1992.

22) 星川保，豊島進太郎，森悟，森奈緒美，池上康男：アクトグラムの体育授業研究への応用―授業時身体活動経過の記録法の開発―，体育学研究，37：1, 15-27, 1992.
23) 愛知教育大学体育教室：愛知県下小・中学校における体育活動の実態―調査結果概要B．運動量調査：ペドメター（歩数計）を使用しての日常活動量の実態調査研究，1983.
24) 森悟，森奈緒美：体育授業のペドメトリー，J. J. Sports Science, 11-2, 117-123, 1992.
25) 森奈緒美，森悟，長沢弘：アクトグラムによるテニスの授業分析，愛知女子短期大学研究紀要, 26：59-60, 1993.
26) 波多野義郎：ヒトは一日何歩あるくのか，体育の科学，29(1), 28-31, 1979.
27) 波多野義郎：体力管理学，泰流社，1979.
28) 波多野義郎，岩本良裕，加藤敏明，大塚貴子：日本人の歩行歩数調査結果について，サーキュラー，48：51-56, 1987.
29) 星川保，森奈緒美，森悟，松井秀治：アクトグラムによる中学生の日常身体活動の分析，体育科学，21：40-51, 1993.
30) 鬼頭伸和，天野義裕，竹本洋，米田吉孝，吉田正，合屋十四秋，春日規克：幼児および小学校児童の日常活動量が呼吸・循環機能に与える影響，デサントスポーツ科学，4：91―97, 1983.
31) 池上久子，島岡清，池上康男：女子短期大学生の日常生活における活動量と体力との関係，体力科学，40：322-330, 1991.

第5章　スポーツと生理

　近年、我々は宇宙に関心を持ち出したとともに、多くの科学者が宇宙での生体の反応について関心を持ち始めた。特に、航空宇宙医学の領域では、無重力状態が人体に与える影響をシミュレーションするために、健康な成人をベットに数日間寝かせ完全な安静状態を維持させたときの生体の反応を調べるという方法を用いることがある。このように極端な運動制限下では72時間を経過しないうちに、身体のさまざまな機能が変化しはじめるとことが明らかになった。このように生体にとって極端な運動の制限は、明らかに生体に有害であるといえよう。
　医学をはじめ著しい科学の進歩に伴いヒトの平均寿命は年々延長している。しかし、一方では、生活環境の変化に伴って、われわれの日常の筋肉運動量が少なくなり、体力の低下が危惧され、日常生活において身体運動の重要性が盛んに論じられている。ここでは、運動が身体に及ぼす影響を解剖生理学的に解説する。

§1　体力とは

　体力とは身体が発揮できる能力であり生物的な生活能力のたくましさをしめす。体力は大きく分類すると身体的要素と精神的要素とに分けられ、さらにそれぞれ、行動体力と防衛体力とに分けることができる（図5-1）。行動体力とは外界に積極的に働きかけようとする能力であり、いいかえれば作業や運動の能力である。一方、防衛体力とは外界からのストレスに対して、これを防衛して自己の健康を維持しようとするものである。即ち、暑さ、寒さ、細菌の侵入などに対して、生態の機能を正常に維持しようとする能力である。したがって、前者はとくに運動能力に関与し、後者はとくに健康維持能力に関与する。ところで、体力を運動の生理機能という面から考えると、運動と

は骨に付随する筋郡の収縮によって骨を移動させる現象と考えられる。とすれば、当然、筋肉の働きがその中心をなすことになる。筋肉を働かすためには、その筋肉に貯えられているエネルギーの放出、さらにはその筋肉に酸素や栄養素を供給する呼吸、循環器系統の機能が必要である。また、筋肉やその他を合目的に働かすためには、神経系による調節と、ホルモンなどによる体液の調節が円滑に行われなければならない。

即ち、これらの生理機能すべてが行動体力の面からみた運動であり、運動能力に直接関与している生理機能である。言い換えれば、運動を行うことは、筋肉はもとより、呼吸、心臓循環、神経などの生理機能を鍛練するということになろう。

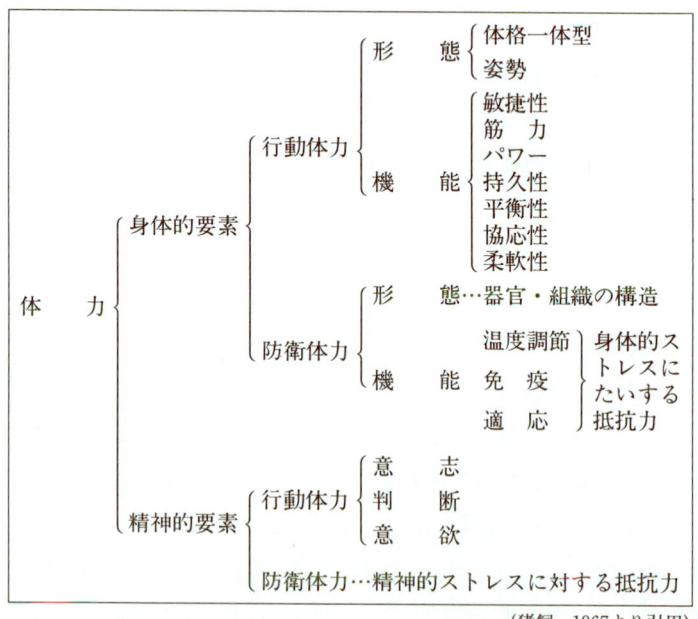

```
                           ┌ 形  態 ┌ 体格―体型
                           │        └ 姿勢
                  ┌ 行動体力┤        ┌ 敏捷性
                  │        │        │ 筋力
                  │        │        │ パワー
                  │        └ 機  能 ┤ 持久性
         ┌ 身体的要素               │ 平衡性
         │        │                 │ 協応性
         │        │                 └ 柔軟性
         │        │        ┌ 形  態…器官・組織の構造
         │        └ 防衛体力┤        ┌ 温度調節 ┐身体的ス
体 力 ┤                    └ 機  能 ┤ 免  疫  │トレスに
         │                           └ 適  応  │たいする
         │                                      ┘抵抗力
         │        ┌ 行動体力┌ 意  志
         └ 精神的要素        ┤ 判  断
                  │        └ 意  欲
                  └ 防衛体力…精神的ストレスに対する抵抗力
```

(猪飼、1967より引用)

図5-1　体力の分類

§2 運動を支配する機能

 ヒトのからだは、外部環境の変化に応じて、内部環境の恒常性を維持するように働いている。これはホルモンによる体液性調節機構と、自律神経系による神経調節機構によって無意識下に行われている。この神経は、交感神経と副交感神経とからなり、交感神経の幹は、脊髄の両わきに走っていて、脊髄と連絡している。自律神経は、このほか、全身の皮膚の下にもはりめぐらされており、汗腺の開閉、汗の排出や体温の調節などを自動的に行っている。このように、無意識下に働いている神経系のほかに、私たちのからだの随意運動や視聴覚、皮膚感覚、臭覚、味覚、平衡感覚などの感覚も神経系の働きによって行われている。

 神経をその役割によって分類すると全ての中心となる「中枢神経」と、この中枢神経とつながって全身に分布する「末梢神経」とに分けられる。図5-2に、中枢神経系と末梢神経系の分類を示した。中枢神経とは、脳と脊髄を合わせた部分を示し、全ての神経の中心的な役割を果たしている。末梢神経は、脳から直接出ている左右12対の「脳神経」と、脊髄から出ている左右31対の脊髄神経の総称である。

 また神経を役割で分けると、末端で受けた刺激を中枢へ伝達する「感覚神経」と、反対に中枢からの命令（信号）を末端に伝達する「運動神経」とに分けられる。

（1） 骨格

 人体は200個あまりの骨が組み合わさって骨格をつくり、この支柱の下に内臓諸器官を包含し、筋、皮膚が外面をおおっているという構造である。この骨格を細かく分けると、頭骨群が22個、舌骨が1個、耳骨群が6個、脊柱と呼ばれる背骨が26個、胸骨群25個、左右の肩から手の先の骨が65個、骨盤と両足の骨が62個、合計206個の骨から成り立っている（図5-3）。骨格の役割はからだを支持することにあり、中でも頭骨、脊柱、肋骨、骨盤は軸骨格と呼ばれ生きていくのに欠かせない骨である。

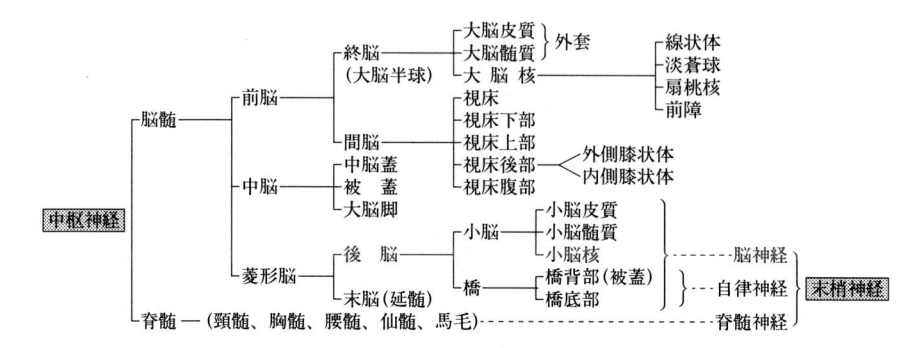

```
中枢神経 ─┬─ 脳髄 ─┬─ 前脳 ─┬─ 終脳(大脳半球) ─┬─ 大脳皮質 ┐
         │       │       │                 ├─ 大脳髄質 ├ 外套
         │       │       │                 └─ 大脳核 ─┘ ─┬─ 線状体
         │       │       │                                ├─ 淡蒼球
         │       │       │                                ├─ 扁桃核
         │       │       │                                └─ 前障
         │       │       └─ 間脳 ─┬─ 視床
         │       │               ├─ 視床下部
         │       │               ├─ 視床上部
         │       │               ├─ 視床後部 ─┬─ 外側膝状体
         │       │               │           └─ 内側膝状体
         │       │               └─ 視床腹部
         │       ├─ 中脳 ─┬─ 中脳蓋
         │       │       ├─ 被蓋
         │       │       └─ 大脳脚
         │       └─ 菱形脳 ─┬─ 後脳 ─┬─ 小脳 ─┬─ 小脳皮質
         │                 │       │       ├─ 小脳髄質
         │                 │       │       └─ 小脳核 ┄┄┄ 脳神経
         │                 │       └─ 橋 ─┬─ 橋背部(被蓋) ┐
         │                 │               └─ 橋底部       ├ 自律神経 ─ 末梢神経
         │                 └─ 末脳(延髄)                  ┘
         └─ 脊髄 ─ (頸髄、胸髄、腰髄、仙髄、馬毛) ┄┄┄┄┄┄┄┄ 脊髄神経
```

図5-2　中枢神経と末梢神経の分類

(2) 関節

　骨と骨がつながっている部分を関節という。関節のタイプは以下の3つに分けられる。

1) 動かない関節

　頭骨は、大変うすい骨でできており骨どうしは、うすい繊維物質でむすびつき、全く動かない。

2) 少し動く関節

　この代表は、脊柱や肋骨の関節である。骨と骨の間には軟骨という軟らかい組織がはさまり、クッションの役割をしている。そして、この周りは靱帯などで固められており、わずかにしか動かない。

3) よく動く関節

　特に両手、両脚の関節は自由に動く。この関節を球関節という。この仕組みは一方の骨端が球状になっており、軸受のように、どの方向にも動かすことができる。一方、肘や指などの関節は、ちょうつがいのように一つの方向にしか動かず蝶番関節という。

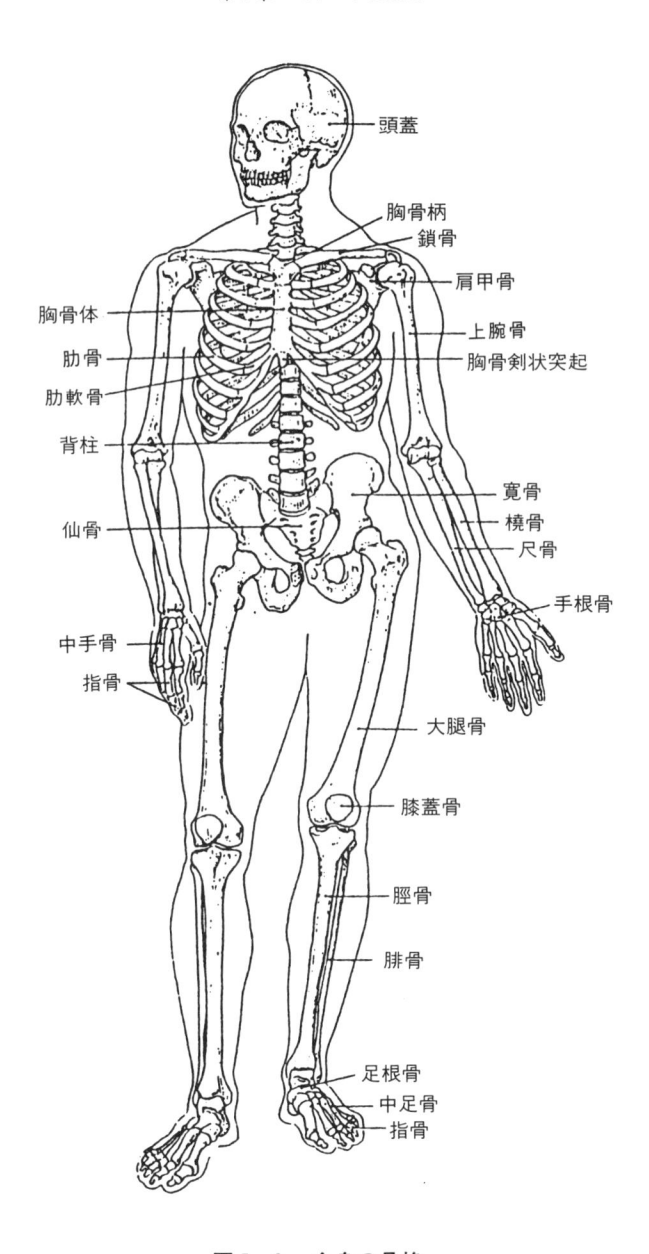

図 5-3　全身の骨格

§3　運動を発現する機能

どんな身体運動も、筋の働きがなくては起こらない。車を駆動させるエンジンのように、ヒトの体においては、筋が運動のための原動力を与える。この原動力が、骨や関節の動きを通して身体運動を引き起こし、単純な運動から複雑な運動にいたるまでさまざまな運動を可能にしている。

(1) 筋の種類

筋は、筋線維とよばれる細長い細胞の集まりによって構成されており、骨格と協同して身体の支持とその運動をつかさどる。

筋の中で、内臓の壁に存するものを内臓筋(主として平滑筋繊維からなる)という。一方、骨格に付着してこれを運動させるものを骨格筋（横紋筋繊維からなる）という。(図5-4)。

この骨格筋は、身体運動に直接関与し、その数はおよそ400種にのぼり、重さにすると体重の36～40％を占める。また、骨格筋は、からだの各部分によって、役目が違うため、その形は異なる。骨格筋線維の長さはミリ単位～30cmで筋肉を拡大してみると、筋肉に多くのスジが見える。さらに拡大して見るとこのスジは筋肉細胞の束であることがわかる。この筋肉細胞は、2種類の蛋白質から成る筋原繊維（筋肉繊維）が、たくさん集まってできている。力をいれると、この2種類の繊維が互いに引き合うようにして重なりあうため、全体としての筋の長さは短くなり、その代わりに太さを増す。すると、この筋原繊維の大集団である筋肉も、長さの方向に収縮し、その分だけ太さを増して、いわゆる「力こぶ」となる。

(2)　筋肉を収縮させるエネルギー

食物に含まれる澱粉や糖分（炭水化物）は、消化器官で消化された後、ブドウ糖に変化する。このブドウ糖は、小腸で吸収されて血液に溶け込み、全身の筋肉に送り込まれる。一方、肺で取り込まれた酸素は、赤血球に溶けて全身に送られ、ブドウ糖とともに、エネルギーのもととなる。筋肉に取り込

第5章 スポーツと生理

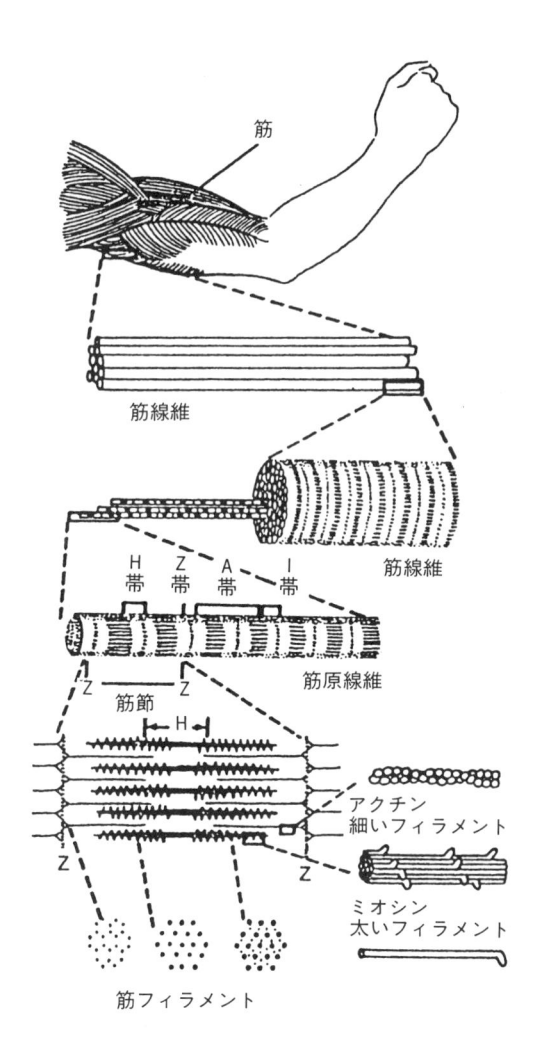

図5-4 骨格筋の構造
　顕微鏡を通して見た骨格筋の微細構造。筋全体は線維で構成されている。次の線維は筋原線維で構成され、アクチンとミオシン蛋白フィラメントはその一部である。顕微鏡下のおよそ205,000倍の拡大。
(Vander, A.J., Sherman, J.H., and Luciano, D.S.: Human Physiology, 2nd ed. New York, McGraw-Hill, © 1976. Used with permission of McGraw-Hill Book Company)

まれたブドウ糖は赤血球によって運ばれてきた酸素と反応して、水と炭酸ガスに変化し、この時、エネルギーが発生する。このエネルギーにより、筋肉の収縮が行われ、からだの運動が行われる。

（3） 筋収縮の様式

筋収縮の様式には、等尺性（アイソメトリック）収縮と、等張性（アイソトーニック）収縮がある。

1）等尺性収縮

等尺性収縮とは、筋の長さを変えず一定のままで力を発揮する方法である。たとえば、動かないものに力を加え続るときや、バーベルを挙げたままの状態で、それを維持しているときの筋の状態がこれにあたる。

2）等張性収縮

等張性収縮とは、筋がその長さを変えながら一定の張力で収縮することをいう。たとえば、バーベルを挙げているときの筋の収縮の仕方である。さらに、等張性収縮には、筋肉が収縮しながら力を発揮する収縮と、筋肉が伸張しながら力を発揮する収縮とがあり、前者を短縮性（コンセントリック）収縮、後者を伸張性（エキセントリック）収縮という。

以上の収縮様式のほかに、関節の運動速度を一定に保って動く速さを規定し、その時発揮される力を測定する方法があるが、この筋収縮様式を、等速性（アイソキネティック）収縮という（図5-5）（図5-6）。

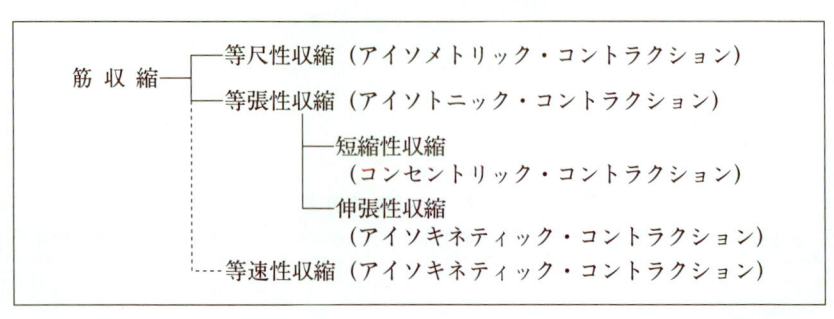

```
         ┌─ 等尺性収縮（アイソメトリック・コントラクション）
         │
         ├─ 等張性収縮（アイソトニック・コントラクション）
         │      │
筋収縮 ──┤      ├─ 短縮性収縮
         │      │   （コンセントリック・コントラクション）
         │      │
         │      └─ 伸張性収縮
         │          （アイソキネティック・コントラクション）
         │
         └⋯ 等速性収縮（アイソキネティック・コントラクション）
```

図5-5　筋収縮の様式

（4） 筋線維の種類

筋肉は、その収縮速度における特性から、FG繊維とFOG繊維を速筋繊維、SO繊維を遅筋繊維と大別することができる。

1) SO線維　筋収縮速度は遅いが、持久性に優れている。
2) FG線維　筋収縮速度は速く、発揮する張力が大きいが、疲労しやすい。
3) FOG線維　FG繊維とSO繊維の両方の性質を持ち、収縮速度も速く、持久力もある。

速筋繊維と遅筋繊維を含む割合は個人的に異なる。特に、運動をしていない人では、筋線維組織は、平均50％ずつであるのに対して、短時間に高い運動強度が要求されるスポーツ、たとえば、短距離走や砲丸投げなどのスポーツ選手の筋線維の割合は、速筋繊維を含む割合が79％と多い。反対に持久性の高いスポーツ、たとえば、マラソンや水泳の選手の筋線維の割合は、およそ82％の遅筋繊維を含んでいる。これらの結果は、速筋線維の多い人では瞬発的な力の発揮が可能であり、遅筋線維の多い人では持久的な運動に適していることを示している。

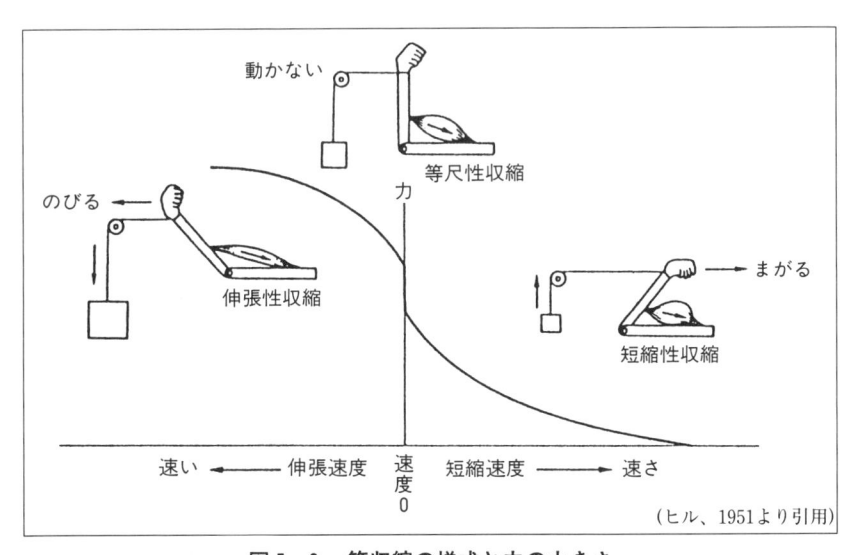

図5-6　筋収縮の様式と力の大きさ
（ヒル、1951より引用）

§4　運動を持続させる機能
（1）　血液の機能
　血液は、体内を循環する流動性の組織で、各組織をくまなく流れ、次のような働きをしている。
1）ガス代謝：末梢の細胞に酸素を運び、二酸化炭素を持ち帰る。(赤血球)
2）栄養の運搬：細胞に栄養物を運び、新陳代謝で生じた老廃物を持ち帰る。（血漿）
3）水分の調節：体内の細胞に必要な水分、塩分、カルシウム、燐などを調節する。(血漿)
4）ホルモンの運搬：体内の細胞に活動を促すホルモン、ビタミンなどを運搬する。(血漿)
5）免疫：外部から侵入する細菌、ウイルスなどからからだを守る。(白血球)
6）止血作用：血管が損傷した場合、血液が凝固して血栓をつくり血流を止める。(血小板)
7）体温調節：からだの中心で発生する熱を、全身にめぐる血管で放散し、体温を調節する。(血漿)

（2）　血液の成分
　血液全量は成人で4～5ℓ、体重の1／12～1／15である。その半分、即ち2ℓ以上失うと人は死亡する。それほど血液は生命現象を営むうえに重要な役割を演じている。血液の主な成分と働きは以下のように分類できる。
1）赤血球：赤色をした平たい円盤状の細胞で、ヘモグロビンという成分を含み、酸素および二酸化炭素の運搬、pHの調節を行う。
2）白血球：赤血球より大きく、感染の防御、異物処理、抗体を産生する。
3）血小板：赤血球よりずっと小さく、出血したとき血液の凝固(出血阻止)を行う。
4）リンパ球：白血球の仲間で、有害な微生物の防御を行う。
5）血漿：上記に述べた成分を沈殿させた後に残る上澄み液で、エネルギー

源となる物質やホルモンなどの物質を溶かしこんでいる。

(3) 血液の循環

　図5-7は、心臓、肺循環、体循環から成る心臓血管系の模式図である。心臓のポンプ作用によって、全身に送られる血液の流れは、左心室―大動脈―組織の毛細血管―大静脈―右心房―右心室―肺動脈―肺毛細血管―肺静脈―左心房となり、この血液循環によって、各組織や器官に必要な酸素やエネルギー源が供給され、また二酸化炭素や不要な代謝産物が、肺や肝臓などへ運び去られる。

　これらの血管の種類は、動脈、毛細血管及び静脈とに大別することができる。動脈は、結合組織の層と平滑筋からできており、血管の壁はたいへん厚く、動脈血とまわりの組織との間ではガス交換は行なわない。左心室から柔軟性に富んだ大動脈に送りだされた血液は、細動脈という細い動脈の枝を通り全身に運搬される。即ち、動脈に弾性があることで、血圧も適当な高さに調節され、血液の流れ（血流）もスムーズに働く。一方、毛細血管は、直径が約1ミリメートルの100分の1の細い血管であり、その壁は内皮細胞と呼ばれる薄い層からなる。血液成分や気体などは、この層をスムーズに潜り抜けることができるため、タンパク質やブドウ糖など、体内の末端の組織まで栄養の運搬を可能にし、代謝に必要な酸素の運搬や、二酸化炭素の運搬、末端の組織で生じた老廃物の削除、およびリンパ球・白血球によって侵入異物の攻撃を行なう。

　ところで、人間の骨格筋には、その組織1mm²あたり2,000～3,000の毛細血管がある。（心筋では、これよりやや多い。）すなわち、毛細血管はそれぞれが0.08mm以上離れていることはない。毛細血管の横断面積は、全体で大動脈の800倍にもなる。血液の流れの速度は、血管の横断面積に逆比例するので、毛細血管内での血液の流れは、大変ゆっくりとした速度で通過することになり、血液と組織との間で物質交換がよりスムーズに行なわれる。

　静脈の断面は不規則で、偏平の形をしており、血管壁は内膜、中膜、外膜

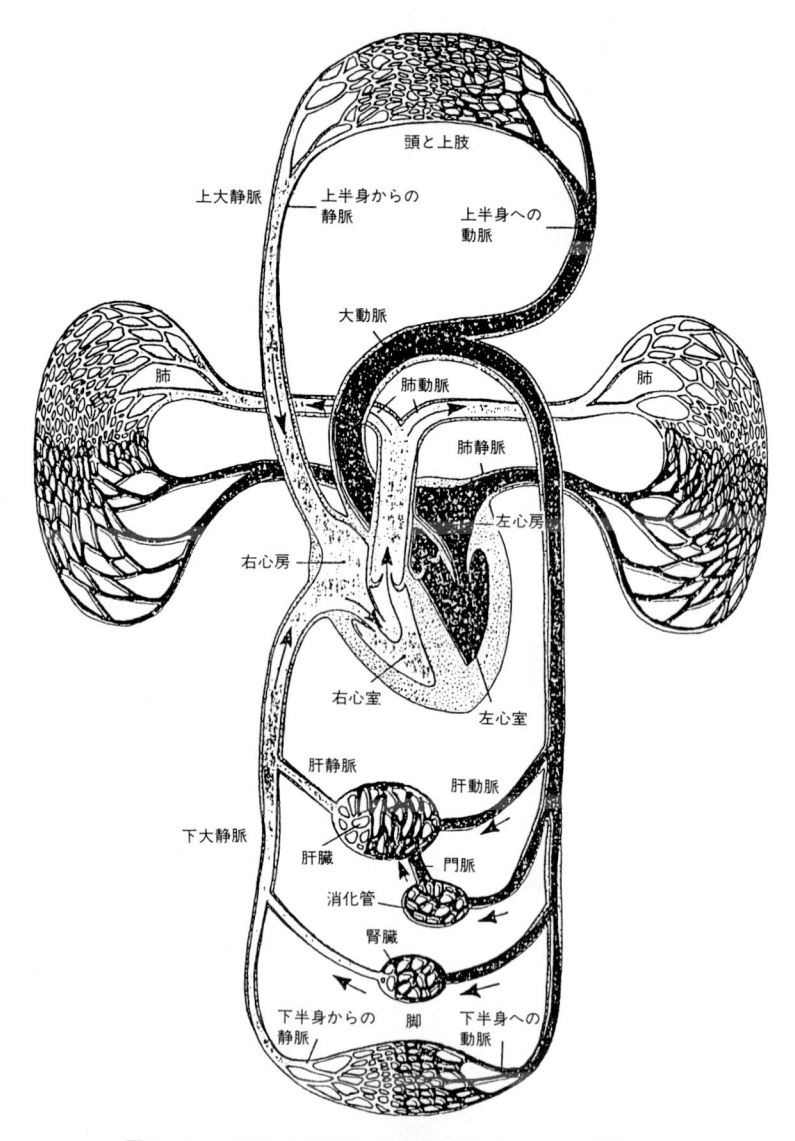

図5-7　心臓、肺循環、体循環から成る心臓血管図の略図

の三層に分れており、薄くて弾性はない。また、両手足の中心部を通っている静脈には、逆流を防ぐための弁がついている。そもそも心臓の役割は、血液を強い圧力で全身に送りだすことだけであり、毛細血管からの血液を集めた静脈の血圧は、0に近いほど低く、心臓まで血液を押し上げる力はない。このとき、ポンプの働きをするのが、手や足の静脈の弁なのである。この弁の開閉の仕組みは、下肢では、歩いたり足首を曲げたりした時ふくらはぎの筋肉が緊張して収縮し、深部の静脈を圧迫し、それぞれの弁を閉じたり開いたりさせている。即ち、手や足を動かすことは、手足の血液の循環をよくすることであり、あまり運動をしない人では、これらの能力が劣っていることが考えられる。

（4）心臓の構造と心容積

（図5-8）は心臓の模式図である。

心臓は重量約280g（女子は約230g）の横紋筋からできており、左肺側に約2/3、右肺側に約1/3位置する。内腔は縦の心房中隔と心室中隔によって左右に分れており、さらに弁膜によって心室と心房とに分れ、4室から成る。心臓の収縮の仕組みは、心臓を取り囲む心筋という厚い筋肉から成っており、この心筋が収縮や拡張をくりかえし、ポンプの役目をしている。特に、全身に血液を送りだす左心室は、特別に大きな圧力を必要とするため、その筋肉の厚さは、右心室の3倍にもなる。一方、長期間運動を行なっているとその影響はからだの形態や機能だけではなく、心臓の形態や機能にも影響を及ぼす。最近では、超音波やNRI（放射性同位元素）を使った検査法が進み、心臓の形態や機能についてさらに詳しい情報がもたらされるようになった。これらの情報によれば、運動選手は運動をしない人に比べると左心室の重量が重く、肥大した心臓をもっているが、その肥大の仕方は運動種目によっても異なることがわかってきた。たとえば、持久力を必要とした種目の選手（マラソン、水泳）は、左心室の拡張末期容量は大きいが、左心室の壁の厚みは普通である。一方、瞬発的な筋肉を必要とする競技(砲丸投げ、レスリング)

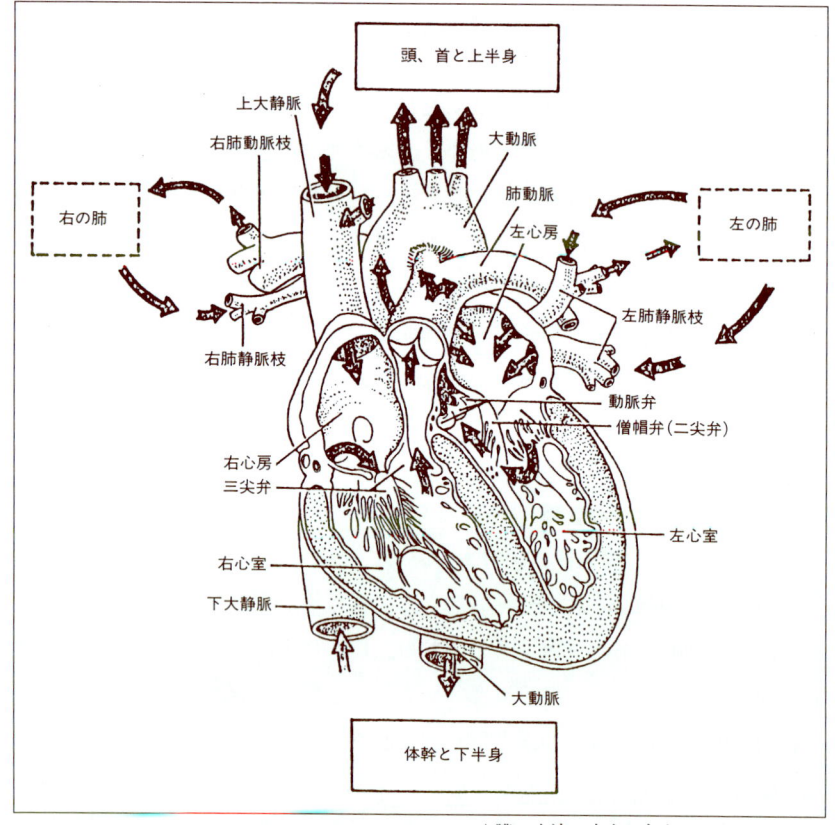

図中ラベル:
頭、首と上半身
上大静脈
右肺動脈枝
大動脈
肺動脈
右の肺
左心房
左の肺
右肺静脈枝
左肺静脈枝
動脈弁
僧帽弁（二尖弁）
右心房
三尖弁
左心室
右心室
下大静脈
大動脈
体幹と下半身

心臓：血流の方向は矢印で示されている。

図 5-8　心臓

では、左心室の拡張末期容量は普通であるが、左心室の壁は厚い。即ち、持久的な種目の運動選手は左心室の拡大が起こり、筋力的な種目の運動選手は左心室の壁の肥大化が起こることが考えられる。

（5）心拍数と心拍出量

　心拍数（heart rate：HR）とは、心電図あるいは血圧曲線から数えられる1分間当たりの心室の拍動数のことである。一般成人の心拍数は、安静時で

60～70拍／分であるが、個人差が大きい。子供の心拍数は一般に多く、学童では80～90拍／分である。その変化は、精神的な興奮、発熱、運動時には数を増し、安静時や睡眠時には数を減らす。特に、心拍数は運動の強さによって増加するために、広く運動強度の指標としても用いられている。一方、最高心拍数は加齢とともに減少し、一般には（220-年令）拍／分の式をもって推定される。また、心拍出量（cardiac output：$\dot{Q}$）とは、心室から送り出される単位時間当たりの血液量のことであり、1回拍出量（stroke volume：SV）とは、心室から動脈に1拍動ごとに送りだされる血液量のことである。その量は、安静時で60～80mℓで、最大運動時では、一般成人で約120mℓ、運動選手では150mℓ以上になる。このようにトレーニングを積んだ人では、1回拍出量が増加するため、心拍数は安静時、運動時ともに一般成人より少ない。

（6）血圧

血圧とは、血管内の血液の流圧をいう。大動脈がもっとも高く、動脈―小動脈―毛細血管―小静脈―静脈と低くなり、大静脈ではほとんどゼロになる。血圧は、心臓の収縮期の血圧（systolic blood pressure：SBP）は高く、拡張期の血圧（diastolic blood pressure：DBP）が低い。一般に高血圧症（WHOの安静時の基準値）とは、SBP160mmHg、DBP95mmHgをいずれかが超えた場合である。

境界域は、SBP140～159mmHg、DBP90～94mmHgにいずれかが入っている場合をいう。正常値は、SBP140mmHg以下、かつDBP89mmHg以下であり、低血圧症はSBP90mmHg以下をいう。

ところで、正常時に血圧を左右する因子として、以下のような要因があげられる。
1）体位：血圧は重力による影響を受け、体位によって変動する。
2）体格：一般には、腕の太い人は高く、細い人では低く測定される傾向がある。
3）性別：女性より男性の方が、5～10mmHgほど低い。

4) 日内差：睡眠中は低く、午前は午後よりやや高い。（食事、活動状態によって変化する）
5) 気温：暖かいと下降、寒いと上昇する。
6) 入浴：適温なら、入浴中はやや低くなる。
7) 食事：食後60分間ぐらい上昇する。
8) 精神的興奮：情動の変化によって上昇する。
9) 運動：運動の量や頻度、強度の度合いによって異なるが、一般には、最大血圧は上昇し、最低血圧は不変か、やや下降する。

（7）呼吸機能

1）呼吸

　動物は生活するためのエネルギーを、体内に取り込んだ栄養素を燃焼して得ている。このエネルギー産生のための代謝はそのほとんどの課程で酸素を必要とする。この酸素を取り入れ、代謝の結果に生じた二酸化炭素を排出する機能を呼吸という。

　呼吸器の構造は、胸郭（24本の肋骨と12個の胸椎、1個の胸骨）、左右の肺、横隔膜から構成されている。また、口腔または、鼻腔、咽頭、喉頭、気管、気管支、細気管支、肺（終末気管支、肺胞官、肺胞嚢、肺胞）、胸郭と接続している。

　肺胞の総数は、3～6億個である。総面積は、吸気時に約100㎡、呼気時に30～50㎡で、肺胞嚢、肺胞官、終末気管支が収まり、肺動脈、毛細血管、肺静脈が分布している。

2）呼吸運動

　呼吸運動は、体内の酸化課程に必要な酸素を組織へ供給する一方、組織で生じた炭酸ガスや他の老廃物を放出することにある。呼吸運動は、自立神経の支配を受けながら、しかも自分の意志によってコントロールすることも可能である。

身体活動における呼吸運動は、酸素を取り入れるという生理学的作用と、集中力を高めるためや、動作のタイミングを測るといった心理学的作用とに分けられる。たとえば、重量挙げを行なう際、空気を吸いながらや、あるいは呼吸を止めた状態よりも、むしろ空気を吐きながら力を発揮するほうが4～5％成績がよくなる。また競技中に声を発することによって、同時に集中力を高めている。このような呼吸法は、剣道、柔道、重量挙げ、レスリング、投てき等の多くのスポーツにおいて観察することができる。

3）呼吸運動の調節

　図5-9は、呼吸中枢の調節を模式的に表したものである。
延髄にある呼吸中枢には、吸気中枢と呼気中枢がある。吸気中枢は網様体の内側に、呼気中枢はその外側に存在する。両者は別々に興奮するが、吸気中枢の方が優位であると考えられる。脳橋には、持続性呼吸中枢（呼吸の持続）と呼吸調節中枢（吸気中枢の興奮を呼気中枢に伝える）があり、呼吸の調節をつかさどっている。

　吸気中枢からの刺激が高まると、外肋間筋や肋間挙筋等の呼吸筋は収縮し、肋骨が引き上げられる。同時に、胸部と腹腔の境をなす、横隔膜が収縮し、腹腔に向かって拡張する。その結果、胸部は陰圧となり、肺は受動的に膨らみ、空気が気道を通って入ってくる。一般には、外肋間筋や肋間挙筋による呼吸を胸式呼吸と呼び、横隔膜を主にした呼吸を複式呼吸と呼ぶ。

　呼吸中枢は、その他いろいろな機能によって調節を受けている。例えば、血液中のCO_2増加や温度の高まりは、大動脈と頸動脈に存在する大動脈体と頸動脈球（末梢化学受容器）、および延髄腹側に存在する中枢化学受容器に働き、呼吸中枢を刺激する。また、身体運動を開始すると、ただちに呼吸運動は高まる。この作用は、筋受容器が、直接呼吸中枢を刺激することによるものである。

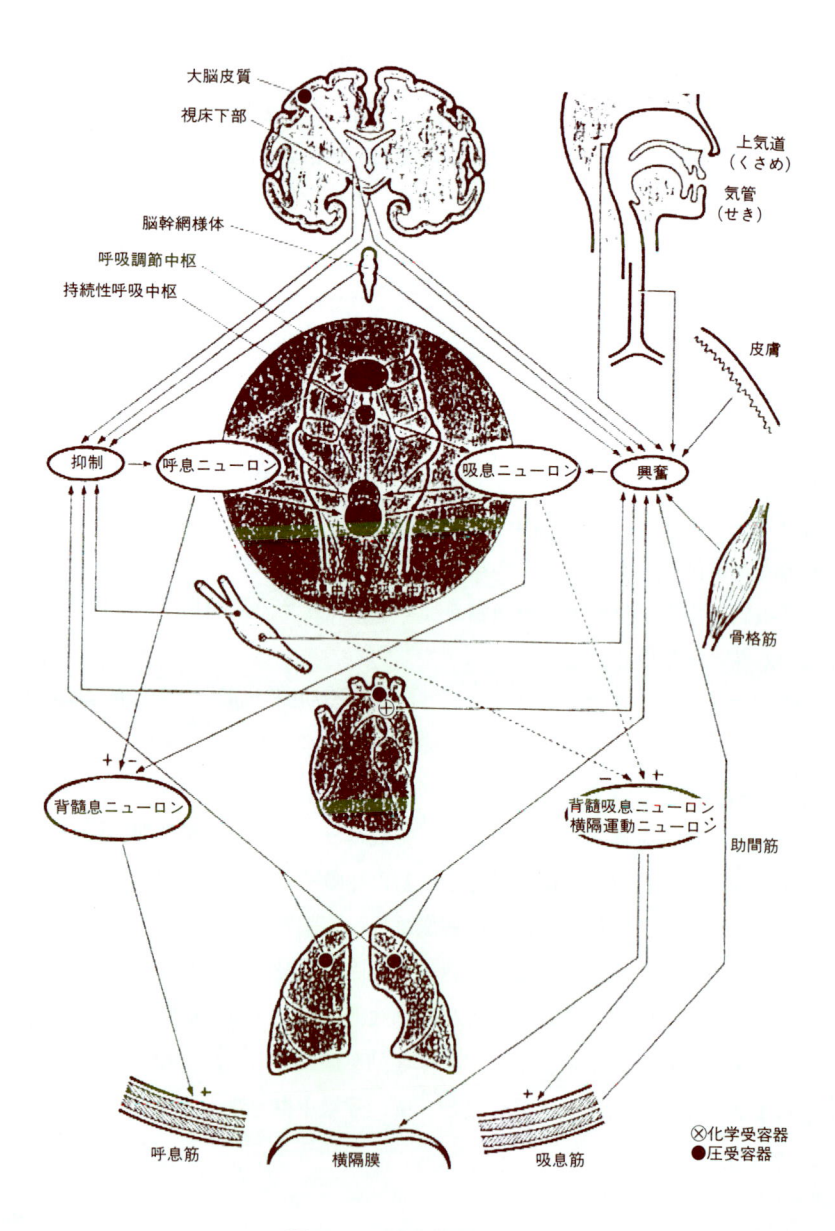

図 5-9　呼吸機能の調節

4）全肺気量（total lung capacity）

　安静時に1回の呼吸によって肺に出入りする空気の量は約400〜500mℓで、これを、1回呼気量あるいは1回換気量 tidal volume, TV という。これに対して、さらに努力して吸入できる量を予備吸気量 inspiratory reserve volume, IRV と、同様に呼出できる量を予備量呼気量 expiratory reserve volume, ERV といい、この三者を合わせたものが肺活量 vital capacity, VC である。なお、最大に努力して呼出しても、肺内にはまだ1,000〜1,500mℓの空気が残っている。これを残気量 residual volume, RV といい、予備呼気量と残気量を合わせて機能的残気量 functional residual, FRC という。FRCすなわち、機能的残気量は常に肺内にある空気で、実際のガス交換に直接関与している。図5-10は、上述した呼吸運動と肺容量を模式図にした。

5）成人の換気能力

　肺活量の測定方法は、通常何回か測定した中で最大値をとるのが普通である。その平均値は、成人男子3,500〜4,000mℓ、女子2,500〜3,000mℓ、体表面積当たり男子2,500mℓ／m²、女子1,800mℓ／m²ぐらいである。20歳前後がピークを示し、加齢によってその値は減少する。

6）肺換気量と酸素摂取量

　運動による肺換気量の増加に比例して、酸素摂取量も増大する。しかし、最大酸素摂取量の70〜80％（％$\dot{V}_{O_2}$max））を超えるころから、肺換気量の増加率が酸素摂取量の増加率をはるかに上回るようになる。すなわち、過剰換気が始まる。この現象は呼吸運動によって十分肺に空気を取り入れるのだが、それに見合っただけの酸素が血液中へ移行しないことを示唆している。即ち、一定量の酸素を摂取するときの肺換気量（換気当量：$\dot{V}_E／\dot{V}_{O_2}$）は増加する。一方、換気当量の逆数である酸素摂取率（$\dot{V}_{O_2}／\dot{V}_E×100$）は酸素摂取量の増加とともに急激に高まり、最大酸素摂取量の50〜60％の強度でピークに達し、以後酸素摂取量の増加とともに低下する。酸素摂取量が肺換気量と酸

120　　　　　　　　　第5章　スポーツと生理

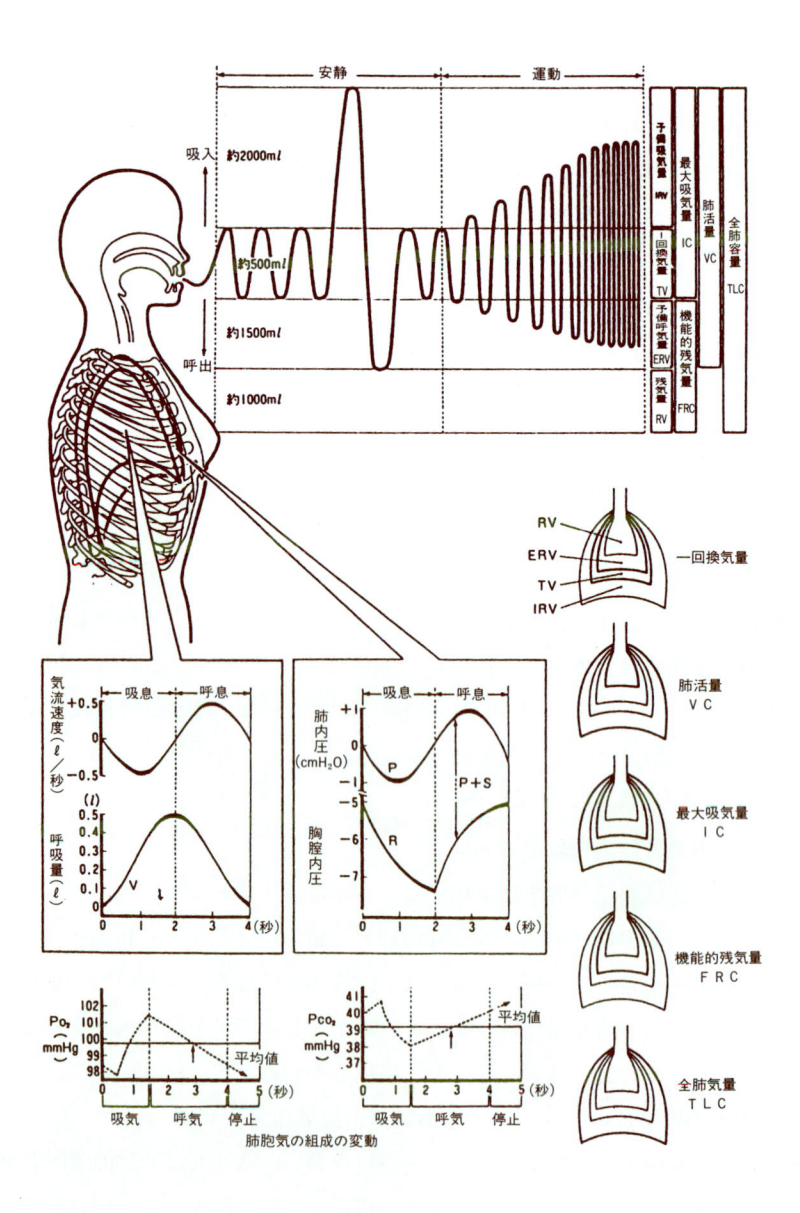

図 5-10

素摂取率との積によって算出されることから、この酸素摂取率の低下は肺換気量の増加を引き起こす大きな原因となっている。一般に運動選手の酸素摂取率の最高値は40～50と一般の人の35～45よりもわずかに高いだけであり、最大作業では、両者とも20～35となる。しかし、両者を同量の酸素を摂取するときの酸素摂取率で比較すると、運動選手の酸素摂取率は一般人に比較して大きい。その分、運動選手の肺換気量が小さいことになる。即ち、運動選手の呼吸効率は一般人に比較して良いことになる。これは、肺胞レベルでのガス交換の優劣によって生じたものである。

7）呼吸商

　一般に成人男子の肺では、平均すると毎分約310mlの酸素が摂取され、炭酸ガスが平均で毎分約260ml排出され、呼気量は吸気量に比べると毎分約40ml少ないことになる。この時の酸素摂取量で炭酸ガス排出量を除したものを呼吸商という。

8）息こらえと呼吸停止

　呼吸の一時停止には、随意的に行なわれる場合と、不随意的に行なう場合がある。前者を息こらえといい、空気中あるいは水中で意図的に呼吸停止を行なうものである。息こらえは最長時間0.5～4.5分と個人差が大きい。これは、息こらえをすることで、体外に排出されずに残る炭酸ガスの濃度が上昇するためこれに対する呼吸中枢の感受性に負うところが大きいためである。

　一方、後者は、水に溺れたときなどで一般に意識の損失をともなう。人が水に溺れると約40秒から1分で呼吸が停止し意識がなくなる。さらに2～3分経過すると脳細胞が損傷を受けはじめ、溺れて8～12分で絶望視となる。従って、呼吸停止状態では、一刻を争って人工呼吸等の処置が施されなければならない。

　ところで、人工呼吸による蘇生術は、時間に対して放射線状に低下する。たとえば、溺れて1分目には95％、3分目75％、5分目25％、8～10分目では

ほとんど蘇生する可能性はない。

9）運動の種類と換気量

運動時の呼吸機能は安静時に比較すると約10倍以上にも達する（図5-11）。図5-12に、各運動種目別の選手らの安静時の最大換気量を比較したものである。特に、全身持久力を必要とする種目（マラソン、水泳）ほど高い値を示す。図5-13は、運動（ハーバードステップテスト）による換気量と脈拍数の変化を示した。

ハーバードステップテストのような一定運動負荷では、毎分の体表面積当たり換気量はほぼ脈拍数と平行して推移し、ことに長距離選手では、運動開始後3分くらいからほとんど定常状態を示すが、非鍛練者である一般学生では、運動終了直前まで換気量が増加し、しかも酸素摂取率が明らかに低値であることを表している。即ち、いくら換気量が増大しても、酸素摂取の効率が悪い。このことは、循環機能の対応能力が大きく作用しているとしても、トレーニングによって呼吸による酸素摂取の効率が向上できることを示唆している。

§5 運動の必要性

運動を行なうことにより、その影響は生理機能すべてに及ぶ。たとえば、形態への影響では、成長期に運動をよく行なうと、その発達がみられる。特に強い選手においては、スポーツ体型をとる傾向がある。しかし、必ずしも、運動の直接的影響とはいえない。なぜならば、形態の発達は本質的に遺伝的要素による影響が大きいためである。

筋肉内では、毛細血管の発達がみられ、筋の肥大もみられる。このため体内エネルギーの産生、ことに筋肉内の代謝が円滑に行なわれるようになる。また、骨は発達し、関節や靱帯が強化される。

一方、運動に見合っただけの代謝を円滑に行なわせるためには、呼吸や心臓循環系の促進が必要である。図5-14は、運動による呼吸、心臓循環機能の

第5章　スポーツと生理

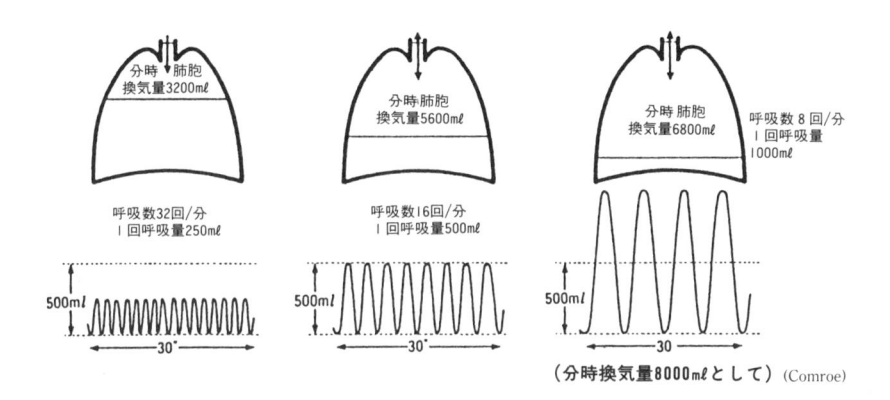

図 5-11　呼吸数と1回呼吸量の肺胞換気量に及ぼす影響

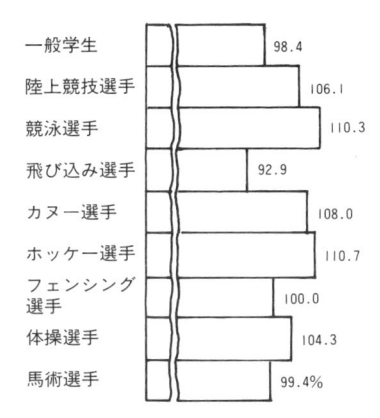

（分時換気量8000mlとして）(Comroe)

一般学生	98.4
陸上競技選手	106.1
競泳選手	110.3
飛び込み選手	92.9
カヌー選手	108.0
ホッケー選手	110.7
フェンシング選手	100.0
体操選手	104.3
馬術選手	99.4%

注：運動選手は1964年東京オリンピック大会の候補選手、グラフの値は被験者の体格・年齢を考慮した予測値に対する割合である。

図 5-12　運動選手の安静時最大換気量（黒田）

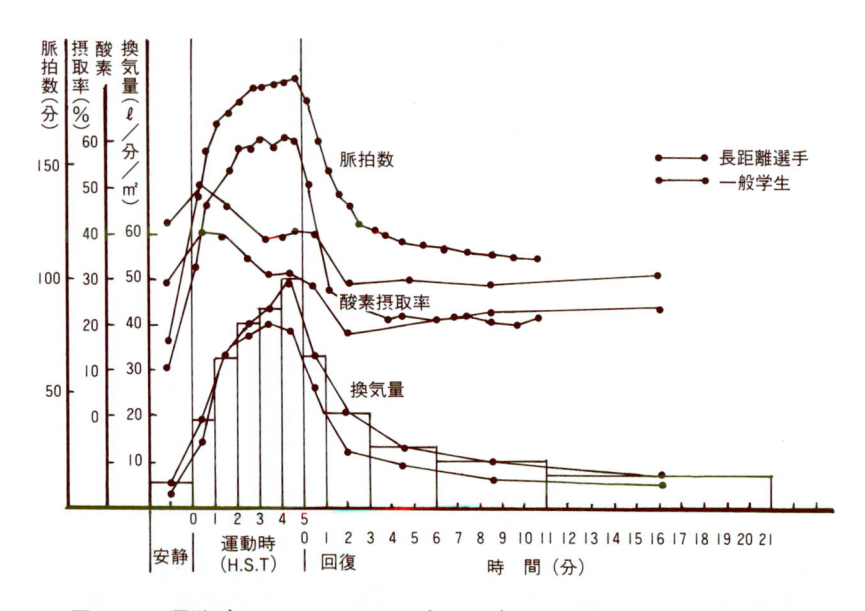

図5-13 運動（ハーバードステップテスト）による換気量と脈拍数の変化
（長距離選手と一般学生の比較）　　　　　　　　（広田）

変動や、体内に及ぶ運動の影響を模式したものである。

§6　運動処方

　運動を行なうことにより、ヒトの生理機能のかなりの部分が刺激される。従って、発育期にある子供たちにとっては、発育、発達をより助長させ、中高年者にとっては、その機能を維持するうえに、もっとも生理的に効果的である手段が必要とされる。
　そこで、健康づくりのための運動処方を実施する場合、その運動の質を考える必要がある。それは、安全にできて全身的な運動でなければならない。さらに、運動を継続しなければその運動効果は期待できないので、楽しく、手軽にでき、なおかつ一定の運動負荷が可能で、運動効果の判定が容易な運

第5章　スポーツと生理

1．運動による呼吸・心臓循環機能の変動

	安静時		最大運動時	倍率
呼吸数	約16回/分	●	約32回/分 呼吸の深さも増す	●●
換気量	約8ℓ/分	●	約160ℓ/分	●●●●●●●●●●●●●●●●●●●●
O₂摂取量	約0.25ℓ/分	●	約4～5ℓ/分	●●●●●●●●●●●●●●●●
筋肉が必要とするO₂	血液中O₂の約¼	●	血液中のO₂の約¾	●●●
心拍数	70～75回/分	●	約200回/分にもなる	●●●
心拍出量	約5ℓ/分	●	約35ℓ/分	●●●●●●●
血圧	約120～80mmHg	●	約180～85 200～90mmHgにもなる	
血液配分	分時拍出量の約47%	●	分時拍出量の約85%	●●

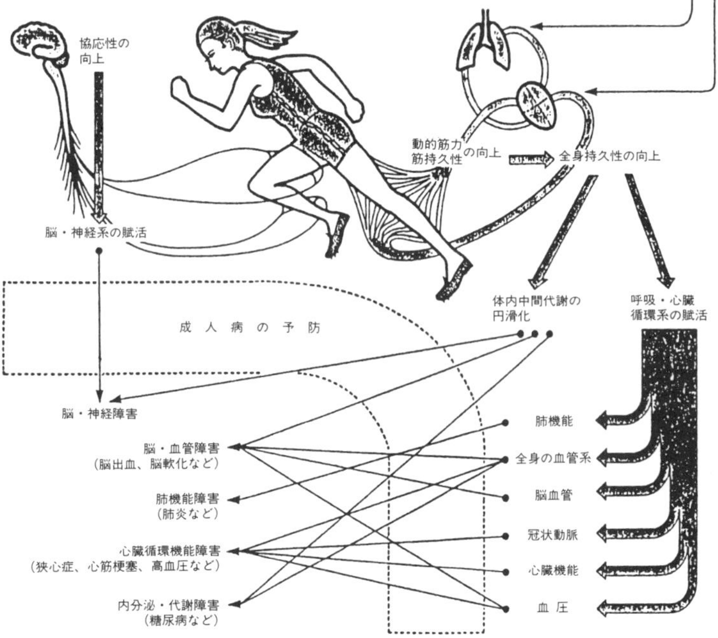

2．運動の必要性

図5-14　運動の必要性

動がよい。例えば、水泳、ジョギング、ウォーキング、サイクリングなどである。

健康づくりのためには、上記のような運動の強度、時間、および頻度を設定しなければならないが、その方法とその特徴を以下に述べる。

（1）最大酸素摂取量による運動処方の決定

人の酸素摂取量は運動強度の増加に比例して増加するが、運動強度を増加してもそれ以上増加しないポイントの酸素摂取量をその人の最大酸素摂取量（$\dot{V}O_2max$）と言う。最大酸素摂取量は、単位時間内に有酸素的に出しうるエネルギー量の最高値を意味し、有酸素的最大パワーとも呼ばれる。この値は体重と比例することより、人の体重1kg当たりの有酸素的作業能力の最も良い指標として国際的にも広く用いられている。最大酸素摂取量の求めかたは、トレッドミル法が最も一般的に用いられる方法である。

健康づくりのための運動処方は、最大酸素摂取量を基準にして設定されることが多い。その運動強度は、最大酸素摂取量の40％以下では効果があまり期待されない。安全性も考慮し、その効果的な運動強度は最大酸素摂取量の40～70％の範囲とされている。

運動中の酸素摂取量の増加は、心拍数の増加と極めてよく相関しており、最大酸素摂取量を基にした運動強度の設定を心拍数から簡易的に設定することができる。

年齢に応じた運動強度と心拍数を表5-1のAに示した。
運動の必要持続時間は、運動の強度によって変わる。表5-1のBに運動強度別の必要時間を示した。

運動頻度は、一般的に週2回以上が望ましいとされている。しかし、週1回でも継続して行えばその効果はある。

（2）血液中乳酸濃度による運動処方の決定

運動強度を増加していくと、換気量と炭酸ガス排泄量（$\dot{V}CO_2$）が急激に上

表5-1(A) 運動強度と対応する心拍数

相対的 運動強度	心拍数 (/分) 年齢				
	20〜29	30〜39	40〜49	50〜59	60〜
40%	—	—	—	104	100
50%	130	125	120	115	110
60%	144	138	132	126	120
70%	158	151	144	137	130
80%	172	164	—	—	—

表5-1(B) 運動強度別の必要時間のめやす

相対強度 (%)	必要時間 (分)
40	45〜60
50	30〜45
60	20〜30
70	15〜20
80	10〜15

昇し始める点があり、この点での運動強度を無酸素性作業域値 (anaerobic threshold：AT) と呼ぶ。ある運動強度以上になると、必要なだけの酸素の供給ができなくなり、体内における乳酸の生成量が分解量を上回り乳酸の蓄積が始まる。乳酸の過剰な蓄積により体液が酸性化すると、運動の継続が困難になる。AT以下の運動では、比較的長く運動することが可能である。当然、有酸素性運動能力の優れた人はATも高い。一般の人のATは$\dot{V}O_2$maxの50〜60%にあり、スポーツマンでは60〜70%にある。

ATは上述したように持久性運動能力のよい指標であるが、ATポイントの決定には未だ問題があるため、代わりに乳酸域値 (lactate threshold：LT) を有酸素性運動能力の指標とする傾向がある。

運動強度を増加していくと、血液中乳酸濃度は図5-15に示すように2つの遷移点を持つ増加曲線を示す。第1の遷移点がLTであり、第2の遷移点がOBLA (onset of blood lactate accumulation) である。LTはATと同じ定義であり、一般の人では約50%$\dot{V}O_2$maxに相当する。OBLAは乳酸生成と分解の平衡が崩れる点とされており、一般成人の75〜85%$\dot{V}O_2$maxにある。OBLAの運動強度は、一定強度を保てる最大強度の運動であるが、一般の人がこれを保つのはかなり難しい。

　LT以下の運動強度は比較的楽に運動を継続できる。健康づくりのための運動強度は、LTを基準にすることが勧められる。また、運動の必要持続時間と運動頻度は、上述した通りである。

(3) 主観的運動強度 (rate of perceived exercise : RPE) による運動処方の決定

　一般に心拍数を基準にした運動強度の設定が行われているが、最大心拍数は個人差が大きく、心拍数と運動強度の関係にも個人差があるので、心拍数を絶対の基準と考えるのは危険な場合もある。中高年者や普段運動の習慣の

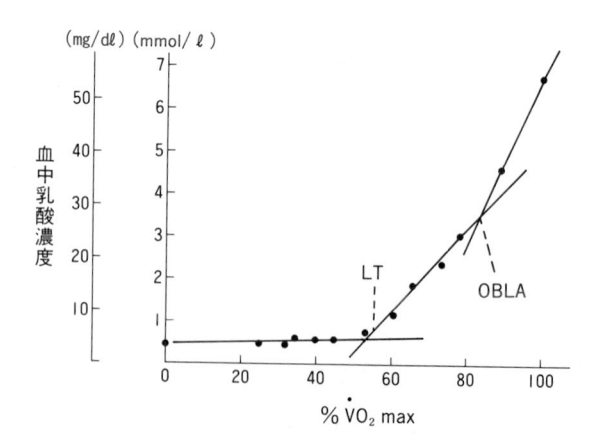

図5-15　運動強度と血中乳酸濃度

ない人などがその例である。このような場合には、運動時の主観的強度も参考にして運動強度を決定すべきである。

主観的運動強度の概念はBorgにより導入され、その指数(RPE)が提案されている（表5-2）。この指数は、安静時を6、最大強度の運動時を20として、その間を15段階に分けている。それぞれの指数には、「ややきつい」、「かなりきつい」などの表現が付けられており、心拍数よりもその主観を重視するところにその特徴がある。

健康づくりのための運動強度をRPEにより決定するとすれば、「ややきつい」から「きつい」の範囲の運動が適切である。

表5-2　運動の主観的強度　●RPEスケールの日本語表示法

	日本語	英語
20		
19	非常にきつい	Very very hard
18		
17	かなりきつい	Very hard
16		
15	きつい	Hard
14		
13	ややきつい	Somewhat hard
12		
11	楽である	Fairly light
10		
9	かなり楽である	Very light
8		
7	非常に楽である	Very very light
6		

(小野寺、宮下、1976より引用)

参考資料文献

1) 中野昭一編：「運動・生理・生化学・栄養　図説・運動の仕組みと応用」
P.10、20、24、26、94　医歯薬出版KK.

2) 「大学過程の生理学　改訂第3版」P.44　南江堂

3) McArdle. W.D. et. al　田口貞善他訳：
「運動生理学　エネルギー・栄養・ヒューマンパーフォーマンス」
P.245、292　杏林書院

4) 宮下充正他著：「指導者のための基礎知識　フィットネスQ＆A」
P.2、P.14、24　南江堂

5) 和田 攻、永田直一 編：「運動療法と運動指導の進め方」1992年　文光堂

6) 鈴木政登 編著：「スポーツインストラクターのための運動指導マニュアル」
1992年　文光堂

第6章　スポーツとトレーニングと効果

§1　近代スポーツとトレーニング

　最近の記録スポーツの進歩には目を見張るものがある。また、技術性の高い体操競技や球技種目においても、その技術の高度化やスピード化の進歩の度合いは、加速化の傾向にあるといえよう。

　これらの驚異的な進歩は、何によるものだろうか。一つには、スポーツ環境の整備があげられよう。かつては、夏のスポーツであった水泳は、屋内プールの普及により、地球上のどんなところでも、季節を問わずに泳ぐことができ、オールシーズンのトレーニングを可能にした。冬のスポーツであったスキーやスケートも、人工のスキー場やスケートリンクの活用、四季が逆になる大陸への移動などで、年間を通じてトレーニングに励むことができる。また、競技場の走路のオールウェザー化や野球場のフィールドの人工芝化、床の弾性、温度調節、照明、音響など完璧なまでに整備された屋内運動場なども優れたスポーツ環境と言うことができよう。

　しかしながら、それが第一義的な原因ということはできまい。スポーツの進歩は、スポーツトレーニングの進歩によるところが大きい。環境も大きな要因に違いないが、旧東独や旧ソ連を中心とする東欧圏で研究され実践されてきたスポーツトレーニングの方法論の進歩が、今日の高度なスポーツの技術やスピードを生み出しているといっても過言ではない。人間の能力開発に関する科学的研究がスポーツトレーニング論であり、生理学的、心理学的立場からの研究を基礎として成り立っているのである。

§2　スポーツトレーニングとは

　一般に、トレーニングとは、からだに対する何らかの荷重ストレスによる適応を通しての身体資源および運動成果の増大や向上であると限定しがちで

あるが、松井によれば、近代スポーツトレーニングは、「運動刺激(何らかの方法での運動負荷)に対するからだの適応性を利用し、意志力を含めた人間のスポーツ能力の強化・発達をさせる過程である。」としている。生物は、それがどのようなものであれ、生存していくために環境と敏感に適応する。そして人間は、地球上の生物の中で、もっとも優れた適応性(自己の生存を確保するのに都合がよいように環境の変化に適応する能力)を持った生物であり、スポーツ能力の向上は、この性質を利用してなされると考えられる。

　普段、トレーニングという言葉は、極めて多様に用いられている言葉である。ウェイトトレーニング、サーキットトレーニング、インターバルトレーニング、レペティショントレーニングなどは、それぞれ体力的要素の鍛錬の方法を指す。また、体力トレーニングという言葉もよく使われるが、これは筋力・持久力・瞬発力などの体力的要素を総合的に強化するときに使われる言葉である。トレーニングという言葉は、主に体力的要素の鍛錬という意味で使われることが多いが、最近ではメンタルトレーニングのように精神的要素の鍛錬の意味で用いられる場合もある。また、練習という言葉もよく使われている言葉である。一般には、トレーニングと練習とは区別されずに使われることが多く、同義語として用いられることが多い。しかし、練習の意味は、技術・技能の学習やその向上をめざすものである。

　人間がスポーツにおいて好成績をあげるためには、精神的要素・体力的要素・技術的要素のすべてを鍛え、統合することが必要である。3つのうちのどれがかけても自己の持つ能力を最高に発揮するのは難しい。スポーツトレーニングとは、上記の3つの要素を総合的に鍛錬し、自己の能力の最高達成をめざすためのものである。古来、日本武道の規範であった「心・技・体の三位一体」は、まさにスポーツトレーニングのめざすところである。

§3　スポーツトレーニングの特徴
(1) 補強トレーニングの強調
　近代スポーツトレーニングの特徴の第一は、いわゆる補強トレーニングの

強調である。トレーニングの主体がスポーツ種目の技能習得にあることは言うまでもないが、種目別技能の反復によってのみ、その目的が達成されるわけではなく、スポーツ技能のトレーニングと併行して、技能の母体となる身体づくりや、身体の動きづくりを行うことによって、より高い競技力を獲得しようとするのがスポーツトレーニングである。たとえば、サッカー選手がサッカーの技能だけを追求するのではなく、ボールを使わないで行う敏捷性のトレーニングや筋力トレーニングも併行して行っていることなどがよい例であろう。

（2）トレーニングの計画性

第2の特徴には、トレーニングが組織的な計画性を持って遂行されるべきであることがあげられる。トレーニングの目的が、より高い目標の達成であることを考えると、目標の達成が目標の時期（試合）においてなされることが必要となり、その具体化のためにはトレーニング計画とそれにもとづく組織的実践がその成否を決定するといっても過言ではない。

（3）スポーツトレーニングの内容

スポーツトレーニングの基本的内容は、次のように分類される。

（1）精神的・心理的・知的要素

一般的にみた、よい意味でのスポーツマン的性格（規律正しい、忍耐力、強い意志力、競争心、協調性など）が、スポーツトレーニングを通じて養われるように努力しなければならない。いわゆる、よい意味での根性が競技者をより高い目標達成のための行動に向けるのであり、そういう日常の積み重ねが、試合の時の上がりやプレッシャーの克服につながるのである。

また、試合時の心理状態をコントロールし、最高成績を出す手助けとしてヨガ運動・自律訓練法・メンタルリハーサル・禅などが利用されている。

さらに、トレーニングの方法論やトレーニング計画、専門スポーツ種目の

技術・戦術論に対しても理解し、理論についての知識を持つことも、大変重要である。

(2) 技術的・戦術的要素

　競技において最高の成績を出すためには、もっとも合理的な運動技術を持つことが不可欠であり、体力だけがこれにとって変わることはできない。もちろん高度な技術は、競技者の優れた身体的・体力的要素を基礎として、そのうえに成り立つものであることは無視することができない。

　運動技術は、もっとも合理的かつ効果的に運動を遂行する方法である。何度も何度も同じ動作を繰り返すことによって、無駄な動作が消えて経済的な動作になり、無意識のうちに正確な運動が行えるようになる。運動技術の習得は、動作を頭の中で再現するイメージトレーニングによって促進され、全習法（動作や運動を全体として反復練習する方法）や分習法（運動全体を構成する個々の部分に分けて練習する方法）で効果的に達成される。

　球技や格技、陸上競技のマラソンなどでは、戦術的要素も見逃すことができない。前述した理論学習やVTRなどの視聴覚教材を利用することにより、実際のトレーニングに戦術的要素の訓練を取り入れなければならない。

(3) 身体的・体力的要素

　スポーツトレーニングの内容にあって、もっとも基本的なものがこの要素である。これはどのスポーツ種目においても、共通して必要な身体的能力（一般的体力）と、そのスポーツ種目に関係する身体的能力（専門的体力）に分けることができる。

　一般的体力の発達は、スポーツ活動の基礎となる全体的身体づくりや健康促進を目的とするもので、専門的なトレーニングのための前提条件となる。その要素としては、スピード・敏捷性、筋力・パワー、持久力（スピード・筋力の無気的持久性及び有気的持久性）、巧ち性、柔軟性などがあげられる。表6-1に、それぞれの体力的要素を発達させる運動手段をまとめた。一般的

体力といっても、専門種目とあまりかけ離れたものであっては、かえって専門種目にマイナスに働くこともあるので、個々で用いる運動手段は専門種目にそのトレーニング効果を転移できるものを選択することが望ましい。

表6-1 体力要素を発展させる手段

体力要素	発展させるための手段
スピード・敏しょう性	スプリント走、ハードル走、バドミントン、バスケットボール、バレーボールなどの球技、空手など
筋力・パワー	バーベル運動、負荷つきまたはなしのジャンプ運動、相撲、柔道、レスリングなどの格技
持久性	クロスカントリー走およびスキー、サーキット運動、サッカー、ハンドボール、バスケットボールなどの球技
巧ち性・柔軟性	体操競技、トランポリン、ヨガ、ダンス、各種球技、水泳、

専門的体力は、それぞれのスポーツ種目に直接影響する体力要素である。それぞれの運動構造や種目特性をふまえた上で、何を一番鍛えたらいいかをはっきりさせてトレーニングを行う必要がある。ここでの運動手段は、各スポーツ種目の試合における運動に近い形での運動手段が用いられていることが多く、その種目に直接必要な体力要素を特に強化する。たとえば、マラソン選手は、投てき選手のようなパワーや筋力は必要でないし、また多量の筋肉はかえってマイナスになるために、バーベルを使ったウェイトトレーニングはほとんど行わないが、長い距離を持続的に走ることにより心肺機能を高め、有気的持久性を強化していることが例としてあげられよう。

§4 トレーニングの一般的原則

（1）自覚性・積極性の原則

スポーツトレーニングでは、絶え間ない向上意欲がすべての基盤となっている。競技者は、自覚的かつ積極的な態度でトレーニングに臨まなければならない。トレーニングの課題・手段・方法その他に十分な理解を持っていれば、技術や戦術の習得に効果があるばかりではなく、体力的要素をより効果

的に発達させたり、精神力や意志力の充実、試合における好成績も可能にさせる。

（2）全面性の原則

　偏ることなく、全面的な心身の発達をめざすことがこの原則である。特に、全面的な体力つくりは、スポーツにおける成功の基礎であるばかりでなく、健康維持の土台でもある。大きな基礎の上に大きな建物ができるように、専門的な体力や技術・戦術ばかりではなく、その基礎となる全面的体力づくり（基礎体力）を忘れてはいけない。ジュニアの場合は、特にこの原則に留意して、一つの種目だけでなく、いろいろなスポーツに親しみ、オールラウンドな競技者をめざすことがのぞましい。成長期から専門的なトレーニングばかりしていると障害のもとになるし、しっかりした発達の基礎ができないことになる。

（3）専門性の原則

　全面的なトレーニングをすれば、競技力向上に万全というわけではない。全面性の原則をふまえた上で、各スポーツ種目に必要となる技術や戦術、体力的要素を高めるための専門的トレーニングが必要になってくる。初級者（ジュニアを含む）においては全面的（一般的）トレーニングが多いが、上級者になるほどトレーニング全体の中で専門的なトレーニングの占める割合が大きくなってくる。また年間トレーニングの中では、オフシーズン（準備期）には一般的トレーニング（体力つくりなど）が多いが、シーズン（試合期）が近づくと次第に専門的トレーニング（球技種目なら試合形式などの実戦的トレーニング）が多くなっていく。

（4）漸進性の原則

　人間の身体は短期間で変化するものではない。急に激しいトレーニングをしても、向上どころか故障や病気を引き起こすばかりである。トレーニング

は、「単純なものから複雑なものへ」「容易なものから困難なものへ」「既知のものから未知のものへ」と常に進んでいかなければならない。1年中、全く同じトレーニングをしていても向上はない。負荷を次第に高めていかなければ、トレーニング効果は現われないのである。これは、身体の適応能力以上の負荷を次第に与えて適応水準を上げようと言うもので、過度のトレーニングをするという意味ではない。(オーバー・ロードの原則)

また、トレーニング負荷には2つの種類がある。ひとつは「量」の負荷、もうひとつは「質(強度)」の負荷である。オーバー・ロードの原則により、より高いレベルを達成するためにはより高い負荷が必要となるが、「量」の負荷は無限に増やしていけるものではない。そこで、トレーニング負荷の「量から質」への転換が必要となり、トレーニングの課題や内容、方法も変化してくるのである。

(5) 継続性の原則

この原則は、トレーニングにおける最も重要な原則のひとつである。継続してトレーニングを行うことによって、身体の諸器官は発達するし、技術や戦術の習得、精神力の養成もはかることができる。正しい継続的なトレーニングを行えば、必ずその結果として、競技によい成績が生まれる。試験や夏休みなどであまり長くトレーニングを中断すると、その効果は著しく減少することになる。トレーニングを行う間隔と筋力増加との関係を調べた実験では、トレーニングを毎日行ったときに比較して、1週間に1度では効果は半分、2週間に1度では効果はほとんどないという結果がでている。まさしく、継続は力なりということができよう。

(6) 個別性の原則

人間は、ひとりひとり固有の特質を持っている。トレーニングの際には、用いる運動の種類・強度・量・持続時間など、個人の体力や能力に合致した負荷や課題を与えることが大切である。一見当たり前だが、最も重要な項目

である。

§5　トレーニング処方と効果

　トレーニングの効果は、個人によって、また実施する時期や強度によっても様々な現れ方をするものである。実際のトレーニングの現場においては、まず、競技者個人の特徴をしっかり把握することが必要となってくる。そのうえで、前述したようなトレーニングの一般的原則に則って、トレーニングの処方をしなければならない。トレーニング処方とは、「スポーツマンの各々に必要なトレーニング刺激となる運動を、運動の質及び量とその具体的な行い方を含めて選択配合すること。」である。ここでは、トレーニング刺激（運動負荷）を「質（強度）」と「量」の条件に分けて、トレーニング効果との関わりを考えてみたい。

（1）トレーニングの質（強度）とトレーニング効果

　スポーツトレーニングにおいて、その効果を上げるための重要な要素のひとつに運動の質（強度）がある。ヘティンガーによれば、筋力トレーニングのオーバーロードを最大筋力の40％以上としているが、最大筋力に対する比率をいろいろに変えて、筋力トレーニングの実験を繰り返し行った結果が図6-1である。最大筋力の割合からみると、20％～30％の範囲の筋力の発揮は

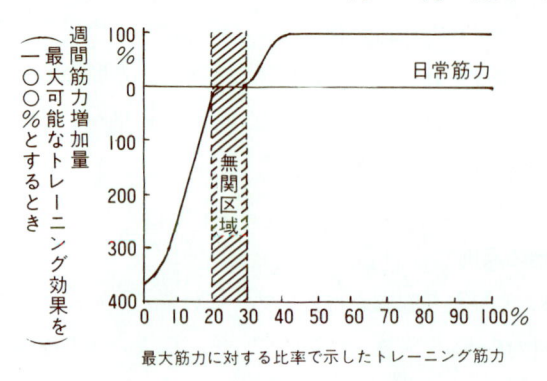

図6-1　筋力トレーニングの筋力と頻度との関係（ヘディンガーら）

日常生活でみられる筋力発揮であり、トレーニング効果はほとんど現れない。ところが20％以下の筋力発揮しかしていないと、保有していた筋力は急激に減少していく。これは、実験中ギブスをはめることによって筋力を発揮させない状態にしたときの結果にもとづいている。一方、30～40％ではややトレーニング効果が認められ、40％以上であれば必ずトレーニング効果を期待できるというものである。しかしながら、40％以上であれば常に同じトレーニング効果を獲得できるかというと必ずしもそうではない。松井らの研究によれば、最大筋力の60％以下の負荷重量では繰り返し回数を増やすことによって筋持久性が、60～80％の負荷重量では5～10回程度の繰り返しで筋力が、80～100％の重量負荷で筋力発揮の集中力が養われるとしている。(図6-2)

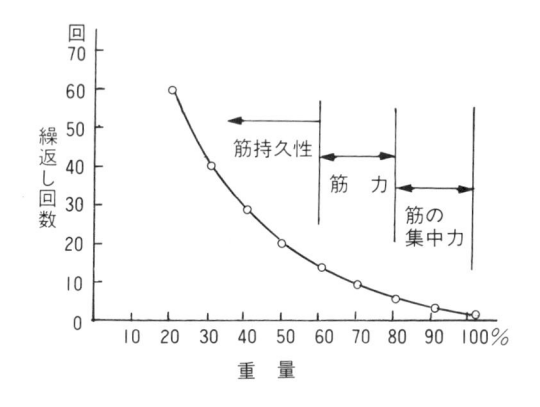

図6-2　負荷重量と繰り返し回数—プレスの場合（三浦、松井）

また、全身持久力のトレーニングにおいて、運動の質（強度）の基準となるのは、多くの場合最大酸素摂取量であり、その何パーセント程度の酸素摂取量を必要とする運動を行うかでその運動の強度を決定する。しかし、実際のトレーニングの現場で最大酸素摂取量を測定することは困難なので、現場では心拍数で代用することが多い。つまり、対象運動時の最大心拍数を強度の指標として、その何パーセント程度の心拍数の運動であるかによってトレーニング負荷の質（程度）を知ることができる。一般青少年の持久力トレーニ

ングでは、最大酸素摂取量の70％以上の強度を用いればトレーニング効果を期待できると考えられている。また、中高年者のトレーニングでは、時間条件を長くすれば最大酸素摂取量の50％〜60％の強度でもトレーニング効果のあることが確かめられている。

　スピードのトレーニングの場合には、そのトレーニングの質を上げるということは、競技者の最大スピード＋α（自分では出せないスピードを発揮させるような状態を作り出すこと、たとえば坂道を駆け下りるなど）といったより高いスピードを要求するということになる。一般には、その競技の最大スピードを指標として、その何パーセントという強度のだし方をするが、この場合は逆に最大スピードの何パーセント増しという考え方をするわけである。

（2）トレーニングの量とトレーニング効果

　十分な質的条件を満たす運動負荷であっても、それが一定の運動負荷としての量的条件を満たすことがなくては、トレーニング効果の獲得はできない。つまり、トレーニング効果は、トレーニングの量によって決まるといっても過言ではない。
　トレーニングの量は、運動負荷の持続時間（回数）と運動負荷の頻度（週当たりの回数）の二つの条件によって量定される。

「時間の条件」
　運動負荷の持続時間は、負荷される運動の種類や内容によって異なるが、一般に分または秒という時間の単位によって処方される場合と、回数で処方される場合がある。筋力トレーニングではこの二つを併用することが多い。アイソメトリックトレーニングのように、動きのない筋力の発揮時間をトレーニング内容としているトレーニングでは、表6-2に示したようにそれぞれのトレーニング強度に対する筋肉の収縮時間により処方する。また、バーベルなどを用いる動的なウェイトトレーニングや、一定のフォームと速度で運動を反復するアイソキネティックトレーニングなどでは、運動回数で処方

表6-2 アイソメトリックトレーニングに必要な筋力強度と収縮持続時間
(ヘッティンガー)

トレーニング強度 (最大筋力に対するパーセント)	トレーニング時間（収縮持続時間、秒）	
	最低限度	適正限度
40～50%	15～20秒	45～60秒
60～70	6～10	18～30
80～90	4～6	12～18
100	2～3	6～10

する方法が便利である。

　持久力のトレーニングでは、その性質上、トレーニング時間がある程度以上の長さを持つことが必要である。しかし、この長さはめざす持久力の種類によって変わる。スピードの持久性をめざすならば、速いスピード（強いトレーニング強度）でトレーニングし、それに従って時間は比較的短くなる。長時間の持続能力の向上をめざすならば、そのトレーニングでは強度を小さくして（スピードを落として）時間を長くしなければならない。原則として、持久力のトレーニングの最低持続時間は5分間であるとされており、それ以上続けてはじめてトレーニング効果が現れてくる。いずれにしても、強度が最大限に近いものは、持続時間を短く、強度の条件が最大限よりパーセントが低くなればなるほど持続時間を長くというやり方でトレーニングを組立てていくべきである。

「頻度の条件」
　ここで言う頻度とは、運動負荷をどのくらいの間隔でかけていくかということで、具体的には週当たりのトレーニングの回数のことである。トレーニングは短時間行っただけではその効果は期待できない。持続的にトレーニング刺激が与えられてこそ、効果が十分に期待できるのである。
　筋力トレーニングでは、毎日行っても、1日おきに行っても、その効果に目立った差はないが、それ以上の間隔があいた場合には効果が激減し、5日

に1回では最大の効果の50％を示し、14日に1回の頻度では全く効果がみられなかったという。（図6-3）

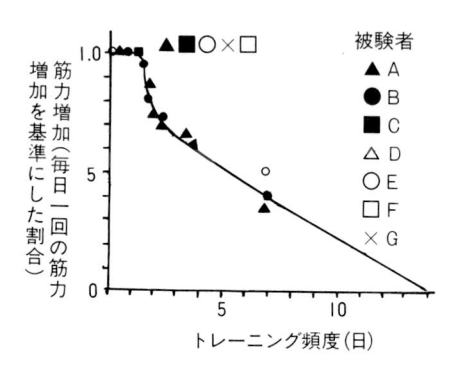

図6-3 トレーニング頻度と効果（ミューラー）

横軸目盛1日とは毎日のトレーニング、10日は10日に1回のトレーニングの意

筋持久力のトレーニングでは、さらに頻度の重要性が増す。週に1回だけ休んで6日間連続して行う場合と、週3日行う場合とでは、6週間のトレーニングでその効果に2倍近い差がみられた。（図6-4）

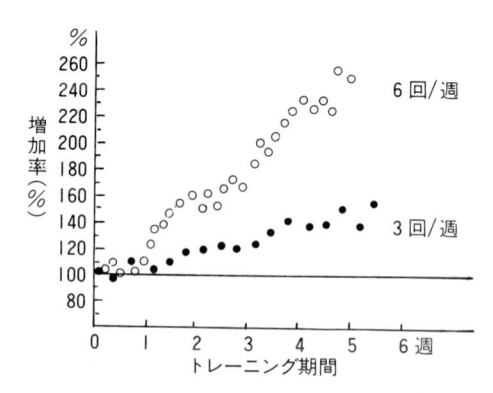

図6-4 週6回と週3回のトレーニングの比較（猪飼、中村）

持久性のトレーニングでは、一般的には週3回程度が適当であると考えられているが、競技者の場合は週4～6回以上が必要となってくる。頻度はそ

のトレーニングの強度、時間によっても変わるものであり、過労にならないように、質的条件と休息との関連を十分考慮すべきである。

§6 トレーニングと休息

　トレーニングによって連続して負荷をかけていくと、当然、疲労状態が現れてくる。これは避けられないことであるが、トレーニングの際には、トレーニング負荷とそれに伴う疲労の回復については、十分に考慮しなければならない。激しいトレーニングを行った後の休息は、筋肉的に生化学的変化を起こし、その変化が筋肉内に備わっていた機能をトレーニング開始前の水準より以上のものに超過回復（Super-compensation）させる。（図6-5）すなわち、この超過回復した状態で次のトレーニングを行うようにすれば、効率のよいトレーニングを行えるのである。図6-6にトレーニングにおける負荷と回復の連続性を示した。あまり回復期間が長すぎると、はじめのレベルに戻ってしまうためにトレーニング効果はみられない。逆に回復期間が短すぎると過労（オーバーワーク）になってしまい、けがや故障の原因となる。適正な回復期間をおき、次のトレーニング負荷がタイミング良く超過回復の時にかけられれば、高いトレーニング効果を獲得することができる。つまり、正しいトレーニング負荷と共に正しい休息（回復）がなければ、トレーニングの効果は上がらないのである。

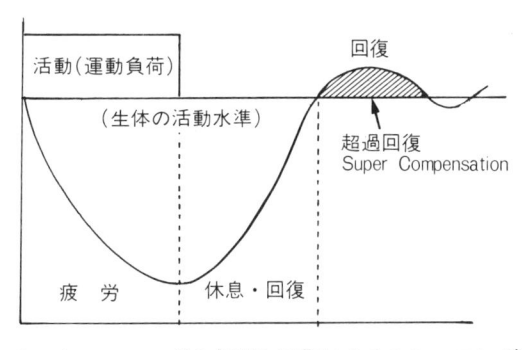

図6-5　トレーニングの負荷と回復によるトレーニング効果

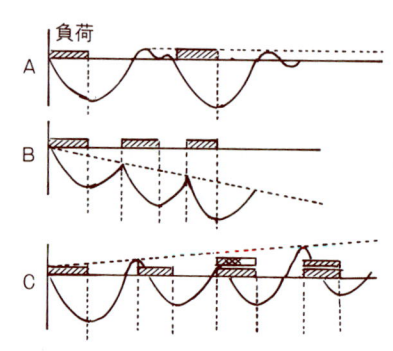

図6-6　トレーニングにおける負荷と回復の連続性
A：回復期間が長すぎてはじめのレベルにもどってしまっていて発達しない
B：回復期間が短すぎて過労（オーバーワーク）となってしまう
C：次の負荷がタイミングよく超過労回復の時にかけられるのでトレーニング効果が高い

§7　トレーニングの計画性と管理
（1）トレーニングの計画の必要性

　スポーツトレーニングの目的が、スポーツにおけるより高い目標の達成であることはすでに述べた。目標の達成は、目標とする試合でなされる必要があり、そのためには組織的な計画の遂行が必要であることは言うまでもない。トレーニング計画とひと口にいっても、長年にわたる計画（ジュニア選手の養成には必要）もあれば、1年間の試合計画にもとづいた年間計画もあり、月間計画や週間計画も必要となる。
　それでは、なぜこのようにトレーニング計画を立てて、それにしたがってトレーニングを行うことが必要なのだろうか。競技するのに最適な精神力や肉体的状態というものは、正しいトレーニングを行っていたとしても、そんなに長続きするものではなく、「発達―維持―消失」という周期を繰り返していると言われている。どんなスポーツでも好調が1年中続くということがなく、充電期間としてのオフシーズンが必要とされることからもうなづける。この最適状態は、各自の試合日程を考慮した組織的な計画により、年に1～3回作り出すことができると言われているので、重要な試合はこの時期に当てはまるように計画する必要がある。

（2）トレーニングの計画の立案

　トレーニング計画を立てる前にあらかじめ必要なことは、まずそれまでのトレーニングやその成果について分析し、反省することである。また、体力測定や技術のチェックによって、各自のレベルや状態を客観的に把握しておくことも必要である。

　トレーニング計画の内容となるものは、トレーニング量、トレーニング強度(質)、トレーニング法、トレーニング手段、トレーニング目標、目標とする試合、テストやテスト試合の配置などである。

　年間トレーニング計画では、準備期―試合期―移行期と分けて計画を立てることができる。準備期においては、成績向上の基礎として、トレーニング量を多くしなければならない。しかし、試合期が近づくにつれてトレーニング量を減らしてトレーニング強度を強めることが必要である。走のトレーニングであれば、距離や回数の多いトレーニングから、距離や回数を減らしてスピードを上げるトレーニングへの切り替えをすることがそれにあたる。球技種目であるならば、準備期には、体力的要素のトレーニングが多く、試合期が近づくと実戦練習を中心とした技術トレーニングが多くなってくる。試合期では、目標とする最重要試合の前にいくつかのトレーニング試合やテスト試合を配置し、次第に試合的刺激が強くなっていくようにする。しかし、試合の負荷は、精神的にも肉体的にも非常に強いものであるので、その回復には十分注意して計画する必要がある。移行期では、他のスポーツを楽しむなどして、次の準備期のトレーニングのために心身を十分に休ませることが大切である。水泳や球技などを行うのがよいだろう。

　月間、週間トレーニングは、年間トレーニング計画にしたがって細部にわたって計画を立てればよい。トレーニング効果は、正しい負荷と正しい回復によって生まれることはすでに述べたが、正しい回復（休養）をさせないでトレーニングを続けることは、ケガの原因にもなるので、月間・週間計画をたてる際には、回復について十分考慮すべきである。

　週間計画には、週に1～2日の休養日をもうけるのが望ましい。月間計画

では、週によってトレーニング量や強度を変化させ、1ヵ月のうちの1週は他の3週に比べてトレーニング量や強度を減少させて回復期間に当てることが、ケガ防止からみても望ましい。

（3）トレーニングの管理

　トレーニング計画がうまく消化できているか、目標とする試合に向けて調子があがってきているか、計画どおりでは負荷が強すぎないかなどのトレーニングの評価が必要となってくる。実施したトレーニングに対する客観的評価のためには、トレーニング日誌（記録）が必要である。これには、毎日のトレーニング内容や身体上のコンディション、体重、脈拍、試合やテストの条件や結果などのデータを記入する。トレーニング日誌の分析により、トレーニング計画の管理や分析が可能であり、次の月または次の年のトレーニング計画に反映させることができる。

（4）ケガの予防

　トレーニングを計画どおりに行うためにもっとも基本的なことは、ケガや病気によって中断をしないことである。スポーツ選手のケガは不可抗力によるものもあるが、トレーニング遂行上予防できるものもたくさんある。
　まず、トレーニングの際のウォーム・アップ、クーリング・ダウンをきちんと行うことである。ウォーム・アップは、身体の活動能力を高め筋肉の可動性と柔軟性を高めることが目的である。歩行や軽いジョギング、体操、ストレッチングなどが利用できる。クーリング・ダウンは、トレーニング後の解緊（リラックス）を目的として行う。トレーニングや試合の後にクーリング・ダウンを怠ると、疲労が速やかに回復できずに、筋肉痛などが何日も残ることがあるので、クーリング・ダウンは必ず行うよう心がけたい。クーリング・ダウンでは、軽いジョギング、ストレッチングなどの他に、水泳やマッサージなども特に有効である。
　オーバートレーニングは、トレーニング効果がないばかりか、ケガや病気

を引き起こす原因になるので、トレーニング計画を立てる際に回復についても十分考慮することがケガの予防につながる。

また、特に女子の競技者においては、体重の増加によって競技成績が低迷するばかりでなく、過体重による足部のケガなども誘発されることがあるので、体重の管理はきちんとすべきである。

MEMO

第7章　スポーツと栄養

第1節　筋力を高めるための食事

　筋力を高めるには筋肉量を増加させなければならない。では、食事によって筋肉量を増加させるには、筋肉の主成分であるタンパク質を食物として豊富に摂取すれば良いのであろうか？　この考え方は、一般的に陥りやすい間違いである。なぜならば、筋肉がある程度の強度で収縮運動をしなければ、筋肉のタンパク質合成は促進されないからである。従って、運動せずにタンパク質を過剰に摂取すると、タンパク質は脂肪に変換されて体脂肪の沈着が促進される結果となる。すなわち、筋肉量を増加するための刺激とは、あくまでも運動自体であり、食物を摂取することではない。運動により筋肉のタンパク質合成が促進されている状態でのみ、その時に必要となる種々の栄養素が筋肉増加に貢献できるのである。この基本的原理を念頭に置いた上で、筋力を高める食事の役割を考える必要がある。

§1　筋肉を増加するために必要な栄養素
　骨格筋の組成は、重量の75～80％が水分で、約20％がタンパク質である。体重に占める筋肉の割合は35～40％であるので、筋肉は身体におけるタンパク質の大きな貯蔵庫である。従って、筋肉の合成が盛んな状態では、タンパク質、もしくはそれを構成するアミノ酸を多く摂取する必要がある。
一般成人のタンパク質の1日の所要量は、体重1kg当たり約1.1gである。しかし、スポーツ選手の場合には、運動によりタンパク質が分解され、そこで生じたアミノ酸はタンパク質の合成に再利用されるが、エネルギー源としても利用される。従って、タンパク質の1日の所要量は、一般人の場合よりも

多く、体重1kg当たり1.5〜2.0gを摂取することが勧められている。

　筋肉のタンパク質は、20種類のアミノ酸から構成されているが、それぞれのアミノ酸の要求量は違っている。例えば、筋タンパク質の分岐鎖アミノ酸（ロイシン、イソロイシン、バリン）量はかなり多いが、トリプトファンなどの芳香族アミノ酸は少ない。従って、人体の筋タンパク質と類似のアミノ酸組織をもつタンパク質を食物として摂取すると、筋タンパク質の合成に必要なアミノ酸が全て供給されその栄養効果は高い。この点で、動物性のタンパク質（例えば、牛肉、豚肉、鶏肉、卵、魚肉など）は良質のタンパク質である。卵は、2個で約100gであり、その中に12gのタンパク質が含まれる。これは、豚ばら肉、ベーコン、ソーセージなどのタンパク質量に匹敵し、各食品のタンパク質量と値段を比較すると、如何に安価で良質なタンパク質であるかがわかるだろう。

　動物性食品は、この有利な点をもつ反面、多くのものは脂肪も豊富に含んでおり、ウエイト・コントロールをしている人はこの脂肪の摂取に注意しなければならない。このような場合には、鶏のささ身などの低脂肪の動物性タンパク質や植物性タンパク質の中でも比較的良質の大豆タンパク質が勧められる。

　最近では、タンパク質やアミノ酸の粉末が入手できる。これらの製品は、牛乳などに溶かして摂取するもので、手軽にタンパク質もしくはアミノ酸を補給できるという利点がある。しかし、これらは、タンパク質の不足している人には有効であるが、過剰に摂取すると、そのタンパク質は脂肪に変換され、体脂肪の蓄積を促進したり、タンパク質に含まれる窒素を代謝しなければならないので、腎臓に負担をかける可能性がある。特に個々のアミノ酸が製品となっている場合、特定のアミノ酸のみを過剰に摂取することにより、その副作用が現われることがあるので注意を要する。

　最近の研究によれば、筋肉つくりをするためには、ビタミンCも重要であることが明らかにされつつある。というのは、筋肉は、筋原線維を形成するミオシンやアクチンなどの筋タンパク質と共に、結合組織の主成分であるコ

ラーゲンも豊富に含んでおり、体内でコラーゲンが合成されるにはビタミンCが必要なためである。ビタミンCが不足すると、コラーゲン合成が阻害され、それにより、筋肉の発達も抑制を受けることが考えられる。運動などのストレスにより、体内のビタミンCの消費は促進されるので、運動後は、ビタミンCを多めに補給する必要がある。

§2 骨の形成のために必要な栄養素

運動トレーニングにより筋肉つくりが進めば、それと並行して骨格も発達する。筋肉と骨は切り離して考えることはできない。運動による骨形成促進の詳細なメカニズムは不明であるが、骨格筋が収縮して骨に物理的刺激を加えることも、その一つの要因になっているようである。

骨の主成分は、カルシウムとリン酸であり、両者はヒドロキシアパタイト[$Ca_{10}(PO_4)_6(OH)_2$]の形で骨に沈着している。リン酸は、一般的に食品中に豊富に含まれているので、カルシウムを多く摂取するように注意することが骨形成には重要である。日本人のカルシウムの一日の所要量は、6才以下で0.4g、7才から19才で0.5〜0.9g、20才以上で0.6gである。しかしながら、現在の日本人のカルシウムの摂取量は低く、50％以上の人がこの所要量を満たしていない。その反映として、日本では骨粗鬆症（骨吸収が促進することにより骨のミネラルの損失がおこり、骨密度の低下とともに骨がもろくなる疾病）が深刻な問題である。

カルシウムを豊富に含む食品としては、牛乳および乳製品があげられる。1ℓの牛乳は約1gのカルシウムを含んでいる。体力を要求されるスポーツ選手であれば、1日に1ℓ以上の牛乳を飲むことが勧められる。

§3　筋肉と骨形成のための生活リズムと運動

　筋肉と骨は、1日の中でいつつくられるのだろうか？
　人体の代謝およびそれぞれを調節するホルモンの分泌には、日内リズムが存在する。筋肉および骨つくりを促進するホルモンとしては、成長ホルモンがよく知られている。成長ホルモンは、脳にある下垂体と呼ばれる内分泌腺から分泌される。その生理作用として、筋肉細胞へのアミノ酸の取り込みとタンパク質の合成を盛んにし、筋肉の増殖を促進する。また、骨においては、カルシウムやリン酸の沈着を盛んにし、骨形成を促進する。成長ホルモンの分泌は、多種多様の刺激によって影響を受けるが、このホルモンの分泌を最も増加するのが睡眠である。すなわち、筋肉や骨は、睡眠中につくられるといえる。
　脳波の測定によると、入眠後1～2時間の時点で、ノンレム睡眠という最も睡眠の深い時期があり、この時成長ホルモンが最も多く分泌される。この時点における成長ホルモンの分泌のピークが睡眠によるものであることは、睡眠開始時点を数時間ずらしても、成長ホルモンのピークは、入眠時点の1～2時間後に現われ、さらに、昼夜の睡眠覚醒リズムを逆転しても、すぐにその睡眠の開始に一致してピークが出現することより確かめられている。また、昼寝のさいにも、成長ホルモン分泌の亢進がみられることもわかっている。
　成長ホルモンの分泌量は、人の年代によって異なり、最も多く分泌されるのが思春期である。この時期における身体つくりが、一生のうちでも最も重要であることが、この事実より理解できるであろう。「寝る子は、育つ」の諺は迷信ではないのである。
　筋肉量を増加するためのトレーニングには、持久型の運動ではなく、重い負荷をかけるウエイト・トレーニングが有効であるとされている。ボディービルダーのトレーニング法は、この理論に適ったものである。
　重い負荷のウエイト・トレーニングを行うと、運動後に血中の成長ホルモン濃度が上昇することが明らかにされている。しかし、軽い負荷のトレーニ

ングを繰り返しても、その様な現象はみられない。さらに、重い負荷のウエイト・トレーニングは、筋組織に損傷を起こし、それを回復するには数日が必要であり、その間は筋中のタンパク質合成は促進される。この様な仕組みにより、ウエイト・トレーニングは筋肉量を増加すると考えられるが、詳細なメカニズムは不明である。

ウエイト・トレーニングにより筋組織が破壊され、それによりタンパク質の合成が促進される機構からすると、筋肉をつくるために毎日ウエイト・トレーニングをする必要はなく、数日に1回で効果はあると考えられる。もちろん、その強度を充分に考慮しなければならない。

これまでに述べた筋肉と骨つくりに対する睡眠とウエイト・トレーニングの効果を考慮して、食事のタイミングを含めた1日の生活リズムを組み立てると、効率の良い筋肉と骨格形成のモデルができる（図7-1）。

ウェイト・トレーニング → 食事 → 深睡眠（ノンレム睡眠）

タンパク質
カルシウム
ビタミンC

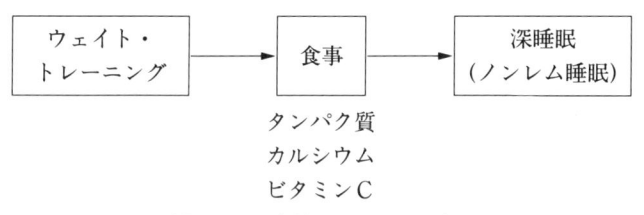

図7-1　身体つくりとリズム

筋肉と骨格を効率よくつくるには、夕方に重い負荷のウエイト・トレーニングを行い、夕食でタンパク質、カルシウム、およびビタミンCを充分に摂取し、夜間の睡眠では熟睡するといったタイミングを考えた生活リズムが重要であろう。

夕食ばかりでなく、昼食を中心に同様なタイミングでトレーニングと睡眠を組み合わせても有効であろう。このパターンは、相撲とりの生活パターンそのものである。

第2節　持久力を高めるための食事

　さまざまなスポーツ種目において、持久力の意味するところは微妙に異なる。例えば短距離走などの場合、エネルギー源は充分に残されているにもかかわらず、筋肉への酸素の補給ができないために、乳酸の蓄積による筋組織の酸性化がおこり、その結果としてATP産生が低下して持久性は失われる。一方、酸素を充分に補給しながら行うマラソンなどの場合には、肝臓と筋肉中のグリコーゲンが枯渇したときに持久性は失われるとされている。

　この様な違いはあるが、各スポーツ選手が持久力を増大するために必要な共通の要素として、その人の最大酸素摂取能を高めること、グリコーゲンを多量に肝臓と筋肉に貯蔵すること、さらに、グリコーゲンの消費を節約するエネルギー代謝系を身につけることがあげられる。

　これらの中で、最大酸素摂取能は食事とは関係なく、運動トレーニングによって高められる。一方、肝臓と筋肉のグリコーゲン貯蔵量およびエネルギー代謝系は、食べる物と食べるタイミングにより影響されるので、持久力と食事の関係については、グリコーゲンに関することに限局される。

§1　嫌気的エネルギー代謝と好気的エネルギー代謝

　筋肉をはじめ全身の細胞には、ATPを産生するための2つのエネルギー代謝系が備わっている。嫌気的エネルギー代謝と好気的エネルギー代謝がそれであり、両者の大きな違いは、前者が酸素を使わずATPを合成するのに対して、後者は酸素を使いATP合成を行う点である（図7-2）。

　嫌気的エネルギー代謝とは、ブドウ糖（グルコース）が、解糖系において乳酸にまで分解される過程を言い、この系ではブドウ糖1分子より4分子のATPが合成されるが、2分子のATPが消費されるので、正味として2分子のATPが生産されるにすぎない。

　一方、ミトコンドリア内で反応が進む好気的エネルギー代謝は、ブドウ糖、脂肪酸、およびアミノ酸のいずれも基質として使用することができる。ブド

第2節　持久力を高めるための食事

ウ糖1分子が、炭酸ガスと水に完全分解するときに生産されるATP量は、38分子であり、嫌気的エネルギー代謝の19倍もの効率である。さらに、筋肉内を酸性化するような乳酸の発生もない。

先に述べた様に、好気的エネルギー代謝では、ブドウ糖のほかに、脂肪酸やアミノ酸もエネルギー源とすることができる。体内のブドウ糖は、血糖およびグリコーゲンとして存在するが、その量はわずか数百g程度（体重70kgの男性で、血糖として約6g、肝臓と筋肉グリコーゲンとしてそれぞれ70と

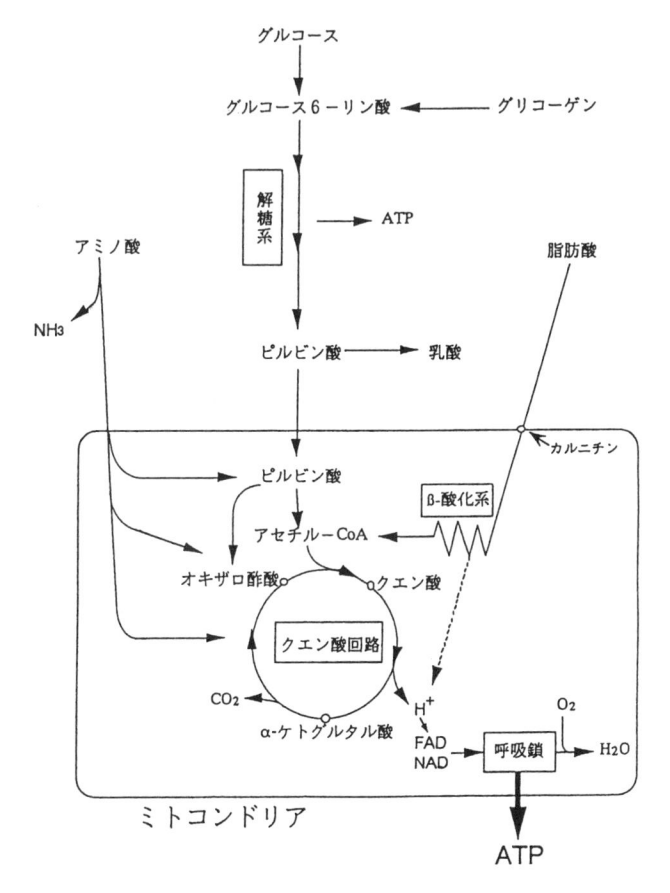

図7-2　嫌気的エネルギー代謝と好気的エネルギー代謝

400g）である。一方、体内の脂肪量は、少なくとも体重の5％、一般には15～25％存在し、極めて豊富なエネルギー源である。好気的エネルギー代謝でATPを合成すれば、体脂肪がかなり消費され尽くすまで運動を持続できそうであるが、先にマラソンの例で述べた様に、運動の持久力は肝臓と筋肉のグリコーゲン量に依頼するとされている。この理由は、脂肪酸などから合成されるアセチル—CoAがクエン酸回路に入る場合、オキザロ酢酸と結合してクエン酸を合成する必要があり、グリコーゲンはこのオキザロ酢酸の供給源でもあり、クエン酸回路を順調に回転させる役割を持っているためとされている（図7-2）。

　従って、運動前に肝臓と筋肉にできるだけ多くのグリコーゲンを蓄積しておき、運動中は節約しながらグリコーゲンを使用することが、持久力を向上させるポイントと言えよう。また、運動後のすみやかなグリコーゲン回復も重要である。

§2　グリコーゲン・ローディング（運動前のグリコーゲン蓄積）

　グリコーゲン・ローディングとは、競技の当日に、肝臓および筋肉になるべく多くのグリコーゲンを蓄積しておき、競技中の持久力を高めようとする方法である。

　マラソンランナーが採用しているグリコーゲン・ローディングの食事処方を例にとると、次のようである。競技1週間前に、ランニングやウエイト・トレーニングなど、数種目の運動を1日の中で行い、全身の筋肉と肝臓のグリコーゲンをできるだけ消費する。その後3日間ほど炭水化物をほとんど含まない高脂肪・高タンパク質食を摂取する。この食事を摂取することにより、体組織でのグリコーゲン合成が抑制される。そして、次の3日間は、高炭水化物食を摂取し続け、グリコーゲンを一機に備蓄し直す。この方法により、肝臓や筋肉のグリコーゲン量は、処方前に比べて約1.5～2.0倍増大すると言われている。上記の食事処方は1週間を要するものであるが、現実的には、期間が長すぎることと、最初の高脂肪・高タンパク質食がかなり負担になる

などの欠点がある。そのため、実際には、それぞれの食事期間を1～2日に短縮して行っている場合が多いようである。

　一般のスポーツ選手は、マラソン選手のようなグリコーゲン・ローディング法を採用しにくい。従って、トレーニング期は、運動量も多いので、高脂肪食を摂取してカロリー不足にならないようにすると同時に、体内での脂肪の利用能も高めるようにする。試合期には、運動量が減少すること、およびグリコーゲンの効率的な蓄積を促進するために、高炭水化物食に切り変える方法が良いであろう。

　具体的な炭水化物源としては、芋、ご飯、パン、うどん、そば、バナナなどがあげられる。

§3　運動中のエネルギー源の補給

　持久的な運動を行っている間は、グリコーゲンをエネルギー源として利用すると同時に、脂肪をかなり効率よく利用している。そのため、脂肪組織では、貯蔵された脂肪が分解され、血中に脂肪酸を放出してその濃度を高める。このようなエネルギー代謝状態において、グリコーゲンの消耗を防ぐために栄養素を補強する場合、なるべく脂肪の利用性を低下しない栄養素を選択する必要がある。もし、ブドウ糖もしくは砂糖をある程度摂取すると、血糖が上昇し、それによりインスリン分泌が刺激されると同時に、筋肉や脂肪組織へのブドウ糖の取り込みが促進される。インスリンは、脂肪組織での貯蔵組織の分解を阻害する作用があり、脂肪組織に取り込まれたブドウ糖は、脂肪の分解により生成された脂肪酸を再度脂肪に再合成する作用がある。よって、血中への脂肪酸の供給は抑制され、血中の脂肪酸濃度は低下する。もともと、人のエネルギー代謝は、ブドウ糖に対する依頼性が高いが、運動中に摂取したブドウ糖により、益々それが助長され、筋肉中での乳酸の増加などによる持久力の低下が考えられる。よって、運動中のブドウ糖および砂糖の摂取は、ひかえた方が良い。

　ブドウ糖と同様にエネルギー代謝で利用され、一般的な食品に豊富に含ま

れる糖に果糖がある。動物実験において、果糖は、運動中に高められた脂肪組織における脂肪分解活性を低下しないことが確かめられている。従って、運動中には、果糖を含む果汁（例えばオレンジジース）が、エネルギーの補給源として良いであろう。

　先に述べたように、人のエネルギー代謝は糖に依存する割合が高い。よって、運動中に、グリコーゲンの消耗などで低血糖になる場合がある。このような場合には、その人の運動能力は低下してしまう。従って、運動中の血糖低下を防ぐために、でんぷんの分解物であるデキストリン（ポリコース）を飲量水に溶かして用いた例がいくつも報告されており、この方法も持久力を高めるのに有効であると考えられる。

　同様に、かなりの空腹状態で運動を開始するのも、血糖低下を促進する。血糖低下はできるだけ防止しなければならないので、このような場合にも、ブドウ糖や砂糖ではなく、でんぷんやデキストリンを程々に摂取することが勧められる。

§4　運動後のグリコーゲン回復

　運動が終了した後、肝臓と筋肉のグリコーゲンをいかにすみやかに回復させるかが、次の競技にそなえて、もしくは翌日に疲労を残さないために重要である。

　運動後は、脂肪酸をエネルギー源として使用する必要はない。従って、グリコーゲンの直接の成分であるブドウ糖を補給し、グリコーゲン合成を促進させればよいが、運動後に、ブドウ糖単独投与ではなく、ブドウ糖とクエン酸を一緒に投与した方が、肝臓と筋肉におけるグリコーゲンの回復がかなり良いことが明らかにされている。これは、クエン酸が解糖系の酵素であるホスホフルクトキナーゼを阻害して、投与したブドウ糖の分解を抑制し、ブドウ糖を有効にグリコーゲン合成に利用するためと考えられる。

　運動後に、糖分を摂取するタイミングについて検討した研究がある。それによると、運動後、時間をおいて糖分を摂取するよりも、運動直後に糖分を

摂取する方が、筋肉のグリコーゲン合成量がかなり多いとしている。即ち、組織中のグリコーゲンの合成は、その組織に含まれるグリコーゲン自身によって調節されており、グリコーゲン量が少ない時は、グリコーゲン合成が盛んである。よって、運動直後に糖分を摂取すると、そのブドウ糖は有効にグリコーゲン合成に利用されると考えられる。

以上のことにより、運動後はなるべく早いタイミングでブドウ糖とクエン酸を摂取することにより、肝臓と筋肉のグリコーゲン合成が最も促進されると考えられる。クエン酸は、柑橘類に多く含まれているので、レモンやオレンジジュースなどは、その良い供給源になる。運動を開始する前に、砂糖水にレモンを搾った飲みものを準備しておき、運動後直ちに摂るとよいであろう。

第3節　体重を減少するためのダイエットと運動

体重を減少させるには、体水分を減らす方法と体脂肪を減らす方法がある。前者は短期的にのみ用いられる方法であるが、後者は長期的な体重調節のためにとられる一般的な方法であり、肥満の問題とも関係しているので、多くの人の関心を集めている。

ある程度の長期絶食をすれば、体脂肪の分解は促進され体重の減少を引き起こすことは事実であるが、絶食中の基礎代謝の低下や絶食後の食餌効率の上昇などを考えると、決して好ましい方法とは言えない。以下に、エネルギー代謝を上昇させる食事法と減量期における運動の効果について述べる。

§1　体脂肪

エネルギーの摂取量が消費量を上回った場合、余剰のエネルギーは、ほとんど脂肪（正確には、3つの脂肪酸と1つのグリセロールが結合した中性脂肪）として身体に蓄えられる。身体の脂肪が蓄積される場所は決まっており、脂肪細胞が集合した組織がそれである。この脂肪組織の機能は、脂肪を貯蔵

することと、必要に応じて貯蔵脂肪を分解して、血液中に脂肪酸とグリセロールを放出することである。脂肪細胞は、他の一般的な細胞と異なり、脂肪を貯蔵することによりかなり肥大する。一般的に、肥満者の脂肪細胞はかなり大きく、これにより身体に多くの脂肪を蓄積している。身体の主な脂肪組織は、皮下と腹腔内に分布している。腹腔内脂肪組織として、腎周囲、大網膜、腸間膜、性腺付着脂肪組織などがある。男性に比べて女性では、ホルモンの関係上、皮下脂肪量が多い。一方、男性の中年太りでは、腹部は出るが皮下脂肪の厚さはあまり変わらないというタイプが多く、これは、腹腔内脂肪量が増加した例である。体脂肪の分布と糖および脂質代謝の関係を調べた最近の研究によれば、皮下脂肪型の肥満者よりも、腹腔内脂肪型肥満者の方が、血糖や血中脂質濃度が高く、成人病に対するリスクが高いとされている。

§2 食事誘発性体熱産生（diet-induced thermogenesis: DIT）と食事

　少食であるにも拘わらず太り安い人と、大食漢であるのに太らない人がいる。この体質の違いがいったい何に由来するのかは不明な部分は多い。しかし、エネルギー代謝の指標となる酸素摂取量を食後に測定すると、太り安い人および太っている人では、大食漢で痩せている人に比べて、その酸素消費量が小さいことが明らかにされている。食後に体温が上昇して熱としてエネルギーが消費される現象を、食事誘発性体熱産生（DIT）という。DITは、食事を見る、臭いをかぐ、味わうことなどにより、神経が興奮して起こるエネルギー代謝の上昇と、食事の消化吸収により高まるエネルギー代謝の2つの成分から成り立っている。DITは、大きな食事をした時には高く、逆に、食事の量が少ない時には、低いことが解っているので、この作用は一種の過剰エネルギーの消費促進作用と考えられる。DITを高める食べ方は、太りにくい食事法であり、それは次の様である。

　a）温かい食事を摂る。
　　冷たい食事を摂るよりも、温かい食事を摂る方が体温を上昇させる。
　b）美味しく食べる。

美味しく食べると、視覚、臭覚、味覚が刺激され、血液中の神経ホルモン（ノルエピネフリン）が上昇する。それによりエネルギー代謝を促進する。

c) 香辛料を摂る。

一般に香辛料は、神経を刺激してエネルギー代謝を促進する。最もよく知られているのが、唐辛しの辛味成分であるカプサイシンである。カプサイシンは、副腎より神経ホルモンの一種であるエピネフリンの分泌を刺激して、エネルギー代謝を高める。

d) 食後にカフェインなどの神経刺激物質を摂取する。

コーヒーに含まれているカフェイン（ドリップしたコーヒー1杯に数十ミリグラムが含まれる）は、神経を刺激して神経ホルモン（ノルアドレナリン）の分泌を促す。カフェインは、脂肪組織における脂肪分解を促進する作用もある。お茶に含まれるテオフィリンにもカフェインと同様の効果があるが、カフェインと比べると弱い。

e) 低脂肪食を摂る。

三大栄養素（タンパク質、炭水化物、脂肪）の中で、脂肪は消化のためのエネルギー消費が最も小さい。そのエネルギー消費が最も大きいのがタンパク質である。また、過剰に摂取したタンパク質と炭水化物は、脂肪に変換されてから体脂肪として蓄積されるので、その過程でエネルギーの損失がある。しかし、過剰に摂取した脂肪は大きな変化を受けることなく蓄積されるので、エネルギー蓄積効率が高い。さらに、それぞれの栄養素のもつエネルギー価は、タンパク質と炭水化物が1グラムあたり4キロカロリーであるのに対して、脂肪は9キロカロリーであり、水分もほとんど含まないので、非常に高エネルギーな栄養素である。従って、脂肪含量の高い食事は太る原因になる。アメリカ人の食事は、一般に高脂肪食（カロリーにして約45%が脂肪：日本食では約25%が脂肪）であり、このことが、アメリカ人の約5人に1人が肥満であることと強く関係していると考えられている。脂肪の中でも、飽和脂肪を多く含む

動物性脂肪と不飽和脂肪を多く含む植物性脂肪では、生体に及ぼす反応が異なり、植物性脂肪のほうが体内で利用され安く、太りにくいことが解かっている。因みに、アメリカ人の食事は、動物性脂肪を多く含む。

§3　運動の効果

　体脂肪を減らそうとするとき、食事療法、いわゆるダイエットだけで実行しようとする例が多いが、それはごく短期間しか持続できないか、あるいはほとんど失敗におわる。結果的には、もとの状態に戻るか、もしくは悪化することになる。体重は一旦下がって、またもとに戻る。この現象をウエイト・サイクリングと言い、これを繰り返していると、太り易くなったり、体脂肪分布が変わり腹腔内の脂肪が多くなったりすることが報告されている。

　体脂肪を減らすためには、必ず運動を取り入れてダイエットを行わなければならない。運動のもたらす効果をあげると、次のようである。

　a）筋肉（骨）量の維持・増加

　　　筋肉は、使用しなければどんどん退化する。体内で、脂肪はなかなかエネルギー源として利用されないが、筋肉タンパク質が消費される速度は速い。ダイエットだけで減量した場合には、体重は見かけ上減るが、体脂肪はさほど減少しないという現象が起こりうる。ここで減少したのは筋肉である。筋肉を維持もしくは増加するためには、多くのエネルギーを必要とするので、運動を取り入れることによりダイエットの効果はより増強される。運動のこの効果は、骨に対しても同様に現われる。筋骨を維持・増加するための運動としては、ウエイトトレーニングが効果的である。

　b）基礎代謝の上昇

　　　基礎代謝は、基本的に生命を維持するために必要なエネルギー代謝であるが、これは、1日の安静時総エネルギー代謝の60～80％を占める。基礎代謝を上昇してエネルギー消費量を増大すれば、ダイエットにはかなり有効である。ウエイト・トレーニングにより筋肉量を増加すると、

基礎代謝は高まる。また、メカニズムは不明であるが、持久的運動によっても基礎代謝は高まることが明らかにされている。運動をしたときにはエネルギー消費が高まることは周知の事実であるが、運動後もその効果は持続しており、睡眠中にも基礎代謝はある程度高く保たれる。運動中に消費したカロリー量だけで運動の効果を考えることは、間違いなのである。

c）脂肪の燃焼促進

　人は、エネルギー代謝の多くを炭水化物に依存している。しかし、持久的運動を行うと、脂肪をエネルギー源としてより多く利用するようになり、活発に燃焼できるようになる。運動によりエネルギー代謝を高め、そこで脂肪を効率よく燃焼すれば、極めて効果的なダイエットが期待できよう。

d）インスリン感受性の上昇

　膵臓から分泌されるインスリンというホルモンは、体内の代謝に対して極めて大きな影響をもっている。インスリンの主な作用は、組織への血糖の取り込み、脂肪合成、およびタンパク質合成などの促進である。さらに、脂肪組織における脂肪分解を阻害したり、DITを高める神経ホルモンの作用や基礎代謝を高める甲状腺ホルモンの作用を弱くする効果がある。従って、減量のためには、血中のインスリンの濃度をあまり増加しない方が良い。インスリンの分泌は血糖の上昇によって刺激されるが、運動トレーニングをすると、筋肉における血糖の取り込み能が上昇して、少ない量のインスリンが分泌されれば充分な血糖の取り込みができるようになる。すなわち、運動は、体組織のインスリン感受性を高め、インスリン分泌を節約する。肥満者のインスリン感受性は一般にかなり低く、肥満者の治療にも運動を取り入れることが必須である。

以上述べた外にも、運動は、血中の脂質濃度の低下、高血圧の改善、ストレスの解消といった良い効果を持つことが明らかとなっている。

運動法としては、上述したごとく、筋肉量を維持・増加するためのウエイト・

トレーニングと、血液循環器系を発達させる持久的運動を組み合わせて行うべきである。さらに、減量のための運動は、食事の後よりも前（夕食前）に行うと効果的であるとする報告もある。運動によりエネルギー消費量を増加し、ある程度の食事量を摂りながら減量することが、一般のスポーツ選手にも必要である。

参考文献

1) 細谷憲政監修：最新食品標準成分表、社団法人全国調理養成施設協会、1988
2) 加藤　譲他：下垂体ホルモン分泌のリズム、蛋白質核酸酵素、27、233—245、1982
3) Vanhelder, W.P., et al.: Growth hormone response during intermittent weight lifting exercise in men. Eur. J. Appl. Physiol., 53, 31-34, 1984
4) Evans, W.J., & Cannon, J.G.: The metabolic effects of exercise-induced muscle damage (Holloszy, J.O., ed.). Exercise and Sport Sciences vol. 19, pp. 99-125, Willams & Wilkins, Baltimore, 1991
5) 鈴木正成：スポーツの栄養・食事学、最新医学、43、2185-2189、1988
6) 上代淑人監訳：ハーパーの生化学（原書22版）、丸善株式会社、1991
7) 鈴木正成：スポーツの栄養、食事学、同文書院、東京、1986
8) Ivy, J.L., et al.,: Muscle glycogen synthesis after exercise : effect of time of carbohydrate ingestion. J. Appl. Physiol., 64, 1480-1485, 1988
9) Tarui, S., et al.: Comparison of pathophysiology between subcutaneous-type and visceral-type obesity. In "Diet and Obesity" (Bray, G.A, et al., eds.). pp. 143-152, Japan Scientific Societies Press, Tokyo, 1988
10) 鈴木正成：食事誘導性体熱産生（DIT）について、Health Digest（雪

印乳業株式会社健康生活研究所) vol. 6., pp. 1-6. 1991年

11) Kawada, T., et al.: Capsaicin-induced β-adrenergic action on energy metabolism in rats: influence of capsaicin on oxygen consumption, the respiratory quotient, and substrate utilization. Proc. Soc. Exp. Biol. Med., 183, 250-256. 1986

12) Shimomura, Y., et al.: Less body fat accumulation in rats fed a safflower oil diet than in rats fed a beef tallow diet. J. Nutr., 120, 1291-1296, 1990

13) Wheeler, J., et al.: Weight cycling in female rats subjected to varying meal patterns. Am. J. Physiol. 258, R124-R129, 1990

14) 小林修平：運動と代謝、食の化学、119, 22-29, 1988

15) Piolino, V., et al.: Thermogenic effect of thyroid hormones: interactions with epinephrine and insulin. Am. J. Physiol., 259, E305-E311, 1990

16) Oshida, Y., et al.: Effects of training and training cessation on insulin action. Int. J. Sports Med., 12, 484-486, 1991

MEMO

第8章　レクリエーション

第1節　レクリエーション

§1　レクリエーションとは

　まずはじめに、レクリエーションとは何かを考えていく前に、その語源について述べておく必要があろう。
　Recreationという言葉は英語であるが、語源をさかのぼっていくとラテン語（recreare）に行き着くことができる。もともとはre（再び）creare（創造する）であり、「つくりなおす」という意味がある。後に、疲労や病気から肉体と精神の活力が「つくりなおされ」、元気を取り戻すことに使われるようになり、「休養」、「娯楽」の意味をもつようになってきた。そして、現在では、休養・気晴らし・娯楽というような意味となってきた。
　日本語におけるレクリエーションの意味についてみると、広辞苑では、「仕事や勉強などの疲れを、休養や娯楽によって精神的・肉体的に回復すること。また、そのために行う休養や娯楽」と定義されている。これらのことから、レクリエーションとは、疲労回復のための手段ということがわかる。すなわち、疲労した身体や精神をハイキングに行くことで、あるいは、さまざまなゲームをすることにより、それらを健康な状態に戻すためのものであるということができる。そのため、現代社会においては、レクリエーションが「余暇に行われる健全で有益な活動」という概念でとらえられている。
　我が国におけるレクリエーションの発展は、1960年代にみられたレジャーブームのかけ声とともに、始まったと考えられる。すなわち、それまで行われてきていたレジャーというものが、国民一人ひとりの生活にゆとりができてきたために、より多様化・高度化の傾向を示すようになったのである。

レジャーとは、日本語では「余暇」と訳されるのが一般的である。語源的には人間の弛緩的状態や休養といった心身のバランスを保つ静的状態への志向を意味する。また、人間の積極的な活動、自己啓発、あるいは、自己実現を目指すことなど二面性を有している言葉でもある。

　我が国にレジャーブームが到来した時点では、国民の意識は特に海外旅行への志向が強く、気分転換を求めて多くの国民が旅行をするようになり、その中で、レクリエーションを「生活の変化を求める人間の基本的欲求を充足す為の行為」（観光政策審議会：1965年）という見解が打ち出されるに至ったのである。したがって、レクリエーションという概念には、レジャーと同様に、対労働的な見解や余暇善用論の主張に加えて、さまざまな要素が含まれるようになってきているのが現状である。

　このような状況の中で、レクリエーションについて考えてみると、広い意味で解釈をすれば、人々が余暇時間に行うさまざまな活動と捉えることができる。したがって、音楽鑑賞や映画鑑賞、創作活動、あるいは身体活動を伴うものなど、実施者が自分自身の好みに合わせて実施することが可能なものと解釈することができる。

§2　我が国におけるレクリエーションの発展

　我が国におけるレクリエーションは、前述したように、気分転換のための旅行という形で出発したのである。その後、高度経済成長が一段落したことにより、国民の一人ひとりが自分自身のために自由に使える時間が増加し、その時間を旅行にあてたり、また、単に身体の休息に用いるのではなく、なんらかの活動にあてるようになってきている。その活動とは仕事で疲労しきった身体や精神をリフレッシュするために行う音楽鑑賞や創作活動など多様化してきているわけであるが、その中でも身体活動を伴うレクリエーション（スポーツ活動を含む）は、1980年代にはいり、その参加人口が一段と増加傾向を示すようになってきている。

　これまでの我が国においては、たとえば、オリンピックや世界選手権で見

られるような、いわゆるチャンピオンシップスポーツが中心に行われてきた。このようなスポーツは、高度な技術・強靭な体力、そして、強固な精神力が要求され、各々のスポーツの究極を追求しなくてはならないものである。したがって、一般人にとっては、安全性というよりは、むしろ危険性の方が大きいといえるものである。そのため、チャンピオンシップスポーツは、一般市民や高齢者に実践・追求できるはずがないし、また、もしできたとしても、そのようなトップレベルの状態は長期間にわたって維持・継続できるものではない。そのため、これまでの我が国では、スポーツは競技者がするものという考え方が中心であったといえる。

しかし、科学技術の進歩に伴い日常生活においてさまざまな形で機械化が進行し、その結果として、人々の身体活動が減少するということが起こってきたのである。そのため、国民の間に運動不足病といわれるような、いわゆる成人病（高血圧症・虚血性心疾患など）が広まることになった。また、仕事中心の生活をすることにより、精神的にも安らぐことが少なくなってきている。

1970年代にはいり、国民の間に、大量に酸素を消費しながら行う有酸素運動（Aerobics）が健康の保持・増進に役立つという知見と精神的にもリフレッシュできるということが広まると、一般市民や高齢者の間に、さらに若者の間にも、さまざまなスポーツが行われるようになってきている。その代表的なものが70年代にみられたジョギングブームやテニスブームなどである。昼休みに皇居の回りや河原をジョギングする人々や、テニスのラケットを持ち歩く人々の姿がよく見かけられたのもこの時期である。その後、1980年代にはいると、スポーツ産業が隆盛となり、スポーツクラブに通い、水泳やウェイトトレーニングで汗をながす人々が増加することになったのである。そして、サラリーマンが退社後一汗かいてから帰宅するというような傾向もみられるようになってきており、スポーツクラブが一種の社交場となりはじめている。

また、高齢者の間にゲートボールブームが起こったのもこのころであり、

公園や空き地などで、ゲートボールに興ずる人々をよく見かけるようになった。当時は、高齢者のスポーツ・運動といえば、「ゲートボール」がその代名詞であったが、最近ゲートボール人口は徐々にではあるが、減少傾向を示している。しかし、高齢者のスポーツ人口は全体的には増加傾向を示しているわけであるから、高齢者の間に、ゲートボール以外のさまざまなスポーツが普及してきたこと、いいかえれば、高齢者のスポーツが多様化してきていることが理解できる。また、若者たちが実施しているスポーツも多様化してきており、さまざまなスポーツ活動を行っている光景を見かける。それらのスポーツ活動は従来から行われていたスポーツというよりは、最近になってみられるようになった目新しいものが多いといえる。これらは、楽しむことを目的に、安全に誰にでも簡単にゲームやプレイができるように作られたスポーツである。このようなスポーツの総称として「ニュースポーツ」という名称が用いられている。しかし、どのようなスポーツがニュースポーツなのか、その定義ははっきりしていない。

　ニュースポーツは、チャンピオンシップスポーツとは異なり、安全に、かつ楽しめるスポーツであり、競争性をも有しているものである。また、種目によってはかなりの運動量になるものもある。ニュースポーツは、スポーツ実施者の体力の状況や志向により、実施者自身にあった種目を選択していくことが可能である。また、そのスポーツ用具も比較的簡単に入手でき、さまざまな場所で実施することが可能なものである。したがって、従来から行われていたチャンピオンシップスポーツとはその性格が全く異なるものであり、いいかえれば、レクリエーショナルスポーツということも可能である。

　人生80年時代を迎え、健康で豊かな余暇生活を送りたいという万人の願いがより大きくなってきている今日、ニュースポーツといわれるものは、このような人々の願いをかなえるには十分なスポーツである。また、生活の質的向上や自己実現の場となる可能性をも含んでいるものであり、安全で、競争性もあり、柔軟で自由な発想で行えるスポーツである。したがって、今後、ニュースポーツが広く国民の間で行われていくことになるであろう。また、

高齢化社会を迎えつつある我が国では、学校教育の中でも、ニュースポーツを取り上げていくことが、生涯にわたってスポーツを実践していく人々を作り上げるためにも有意義であると考えられる。

§3　現代人の生活様式

　1960年代以降の高度経済成長期における人々の生活は、その中心が仕事であったといえる。自分の健康のことよりも、また家庭のことよりもまず仕事が最優先された時代であった。そのため、趣味をもちたくても、また、一家団らんの時を過ごしたくともそのために費やす時間はほとんど皆無であったといっても過言ではないのである。

　また、科学技術の進歩は国民の生活の中に広く生活様式の変化をもたらせることになった。すなわち、生活の中にさまざまな機械が取り入れられ、人々の生活を快適なものに変化させていったのである。しかし、このような生活様式の改善は、人々の間に体力の低下・成人病・人間疎外・自然破壊などのさまざまな弊害をもたらし、生きていく上で最も大切な生命や健康を脅かす事態を招いたのである。たとえば、エアーコンディショナーの普及は人間が本来有している適応能力を低下させてしまうことにつながる。また、機械化・自動化された生活様式は、人々から身体を動かすことを奪ってしまい、体力の低下と健康を損なうことを招いたのである。さらに、労働の機械化・単純化は人間疎外という問題まで引き起こし、人間性の喪失という形になって表出してきたのである。

　しかし、1970年代にはいると、人々が自分の健康に対し危機感を抱き、労働中心の生活で自分自身のために用いる時間などほとんどない中から、なんとか時間をつくり出し、その時間を自分のために使うような傾向がみられるようになってきたのである。そして、その時間を自分自身の健康の保持・増進のために、あるいは、労働で疲労しきった精神をリフレッシュするためなどに活用するようになったのである。

　そして、1980年代に入ると、企業は積極的に週休2日制、あるいは4週6

休制を導入するようになり、労働時間を短縮していく傾向がみられるようになってきた。このような傾向は労働者に時間的な余裕を与えることとなり、その時間を有効に活用していくことが国民の課題となったのである。そして、その時間を単に身体を休めるだけのものとしないで、積極的に自分自身のために活用するようになってきたのである。その活用の方法は、スポーツをする人、登山をする人、あるいはレクリエーション活動をする人、趣味の時間にあてる人などさまざまである。また、現在では、企業がスポーツクラブなどと契約をし、従業員の健康の保持のために、積極的にスポーツを取り入れていこうとしているところさえ見られる。さらに、1980年代後半になると、屋外でのバーベキューやキャンプなどのアウトドアライフ（含む：オートキャンプ）が盛んになり、余暇時間の活用方法に多様化がめだってきている。

　また、現在では義務教育（第2土曜日が休日）や大学（一部ではあるが）などの学校教育の中においても、土曜日を休日とするところが増加してきている。このようにして生まれてきた時間をレクリエーション活動などにあてる若者もかなり多くみられるようになってきている。また、今後、学校教育に週休2日制が定着していくと、その休日をどのように活用していくかということを身につけることも、人生を豊かにしていく上で、大切な課題となってくる。今後は、余暇時間が現在以上に増加していくことは確実といえる。その時間をどのように使用していくかによって、充実した人生が送れるかどうかが決定されていくことになるであろう。

§4　生涯教育と文部省

　国民の教育などを統括している文部省は、国民生活の中に増加してきている余暇時間をどのように活用していくかということに対して、生涯教育という立場から取り組みをみせている。また、地方公共団体やその他の公共機関などさまざまな団体がその有効活用について検討し、実践し、施設・設備の充実を図ることを積み重ねてきている。

1) 生涯スポーツ

　1965年にユネスコの「成人教育推進国際委員会」から生涯教育勧告が出され、その後、1970年には、「生涯教育入門」という書物として出版され、世界各国の教育改革の一つとして取り上げられてきている。我が国においては、1971年にその訳本が出版された。その内容には、①人の誕生から死に至るまでの人間の一生を通じた教育（学習）の機会を提供すること、②人間の発達の総合的な統一性という視点から、さまざまな教育を調和させ、総合したものにすること、③小・中・高・大学とも地域社会学校としての役割、地域文化センターとしての役割を果たすことなどが強調されている。

　これを受けて、我が国においては、1971年には文部省の社会教育審議会から「急激な社会構造の変化に対処する社会教育のあり方について」という答申が出された。その内容は、①生涯教育における社会教育の位置づけについて、②生涯教育と社会教育の今後の果たす役割について、というものである。さらに、経済企画庁経済審議会教育・文化専門委員会や中央教育審議会からも、生涯教育の重要性が強く述べられるに至ったのである。そして、生涯教育を実践していくために、生涯学習の意欲の高揚と能力を育成し、関係機関が連携・協力して、生涯学習の機会や場を総合的に整備することとなったのである。

　そのような政策を受けたスポーツ界では、1975年にヨーロッパ会議において「みんなのスポーツ憲章」が、また、ユネスコにおいては1976年に、第1回青少年スポーツ担当相会議で「生涯教育の観点からみた青少年教育における体育とスポーツの役割について」という議題が取り上げられ、①学校体育と生涯スポーツとの結びつきについて、②体育・スポーツの振興方策として、スポーツの機会に恵まれない人々（就学前の児童、勤労青少年、主婦、高齢者、及び障害者）へのスポーツの機会の提供についてなどが議論された。

　我が国においては、1972年に、文部省の保健体育審議会が、「体育・スポーツの普及に関する基本方策について」という答申の中で、生涯スポーツの推進を揚げ、1980年代になり、体育界においても生涯スポーツについての論議

が盛んに行われるようになった。

　また、1987年8月には臨時教育審議会から、最終答申が出された。その中では生涯学習体系への移行ということが述べられ、学習をするための施設の整備や充実、生涯学習のための基礎や環境を整えていくことが強調されている。このような主旨のもとに文部省では、1985年に、「生涯学習局」が設置され、さらに体育局においては改組がなされることとなった。その後、1990年には、「生涯学習振興法」が成立され、生涯学習への関心がさらに高まることになったのである。

　生涯スポーツを推進していく上で、最も基本的なことは「指導者・施設・事業」の3点である。この3点について国がどのように関与しているかをみてみると以下のようになっている。

　まず、指導者については、「社会教育指導事業交付金(社会体育指導者派遣事業)」、「スポーツプログラマー養成事業」、「学校体育施設開放運営者研修等事業」、「体育指導者海外派遣事業」、あるいは「スポーツリーダーバンク事業」などを実施している。これらを実施することにより、生涯スポーツを実施していく上で必要になる指導者の質的な向上を目指していることが理解できる。

　つぎに施設については、体育館・柔剣道場・プールなどを建設、整備するために、また、学校体育施設を一般開放するために、予算を計上して計画的に振興している。最後に事業としては、地域住民が積極的にスポーツに参加できるように、スポーツ活動への参加方法や施設の利用方法などの資料を作成・配布したり、テレビなどで放送も行っている。

　このようにして、国がその中心となり、生涯スポーツを国民の間に広く浸透させていこうとしているのである。

2) 全国レクリエーション祭

　国民の生活の中に広く生涯スポーツを取り入れていこうとしている国策の中で、文部省は、1988年7月に、臨時教育審議会からの生涯学習体系の移行という答申を受け、文部省の機構改革を実施した。その内容は、従来存在し

第1節　レクリエーション

た社会教育局を生涯学習局と改変し、初等中等教育局に変え文部省における筆頭の局として位置づけをしたことである。そして、従来の体育局を「生涯スポーツ課」と「競技スポーツ課」と2分し、スポーツ関係団体も2分されることになった。

　このような文部省の改変の中で注目すべきことは、生涯スポーツの中で行われるであろう「レクリエーション」の扱い方である。文部省は、1988年から「全国スポーツ・レクリエーション祭」を実施してきている。国民体育大会が、チャンピオンシップスポーツ中心で行われているのに対して、レクリエーション祭は、「広く国民にスポーツ・レクリエーション活動を全国的な規模で実践する場を提供することにより、国民一人ひとりのスポーツ・レクリエーション活動への参加意欲を喚起し、もって国民の生涯を通じたスポーツ・レクリエーション活動の振興に資する」ことを目的とし、設立されたものである。年に1回各県持ち回りで開催され、第1回は山梨県で開始されている。

　その内容は、主催事業と協賛事業に分れているが、主催事業では①開閉会式、②特別行事、③種目別大会、④シンポジウムの4つが大きな柱となっている。この中で注目したいことは、種目別大会で行われているさまざまな種目である。たとえば、グランドゴルフ、ターゲットバード・ゴルフ、インディアカ、ウォークラリー、年齢別バドミントン、男女混合綱引き、壮年サッカー、女子ソフトボールなど多岐にわたっている。また、協賛事業では、ダーツ、一輪車、ビリヤードなどさまざまな種目が行われている。

　以上述べてきたようなことから、レクリエーション祭がチャンピオンシップスポーツが中心行われる国民体育大会と大きく異なるところは、年齢別競技や男女混合の種目が実施されていることと、ニュースポーツと呼ばれている競技種目が多数取り入れられていることである。これは生涯教育の中に位置する生涯体育、あるいは生涯スポーツを実践していく上では、たいへん重要なことである。しかし、生涯スポーツを実施していくということは、単に軽スポーツを実施することではない。生涯スポーツとは、国民一人ひとりの

学習欲求をみたし、個人を大切にし、人生を充実させていくためのスポーツではなくてはならないものである。そのためにも、国は地方公共団体などと連携を取り、国民が生涯に渡ってスポーツ活動を実施していけるような、「指導者の養成・施設の拡充・事業の拡充」をすることが大切な課題となってくる。また、国民一人ひとりが生涯学習の意味を理解し、生涯スポーツを実践していくことで、クオリティ・オブ・ライフ（Quality of Life）の概念が広く国民の間に浸透してきている今日、より豊かで、充実した人生を送ることが可能になることであろう。

§5　レクリエーションにおけるニュースポーツ

　現在、学校体育で教材として用いられているさまざまなスポーツは、そのほとんどがチャンピオンシップスポーツであるといっても過言ではない。したがって、授業中においても、高度な技術が要求されたり、あるいは強靭な体力が必要となる。また、安全性というよりは、むしろ苦痛や危険性を伴うといってもよいであろう。そのため体育の授業においては、そのようなスポーツを実施したとしても、卒業後、生活の中に取り入れられることは比較的少ないし、一般市民や高齢者にそのようなスポーツが実施できるはずもない。したがって、生涯に渡って実施していくには困難である。そのため、生涯スポーツとして、位置づけていくためにはなんらかの改善がなされなくてはならないであろう。

　しかし、1970年代以降、高齢者の間にゲートボールが広まりを見せるなど、楽しむことを目的に、かつ安全に誰にでも簡単にゲーム・プレイができるようなスポーツが普及してきている。それらのスポーツには既存のスポーツを改良したものや諸外国から輸入されたものが多くみられる。そして、このようなスポーツの総称として「ニュースポーツ」という名称が用いられている。しかし、どのようなスポーツがニュースポーツなのか、その定義ははっきりしていない。

　ニュースポーツと呼ばれているものの中には、長い歴史を有しているもの

もある。たとえば、南仏で生まれたペタンク(Petanque)、あるいは、米国で生まれたシャッフルボード（Shaffleboard）などがそれである。したがって、ニュースポーツと呼ばれているものには、諸外国などではすでに昔から行われていたスポーツが我が国ではなじみが薄いということでニュースポーツという名称が用いられていることさえある。そのようなニュースポーツは①輸入型、②改良型、および③開発型の3群に分類することができる。(表8-1)

まず輸入型とは、諸外国においては古くから行われていて、我が国には比較的近年に輸入され、行われるようになってきたものである。たとえば、ペタンク、シャッフルボード、ローンボウルズ(Lawn Bowls)などがこれに属する。

2つ目の改良型とは、既存のスポーツを対象者のレベルや地域特性などに合わせ、改良したものであり、ソフトバレーボール、ミニバレーやバウンドテニスなどがこれに属するものである。

また、3番目の開発型のニュースポーツとは、我が国において新しく考案されたものが含まれる。このタイプには、グランドゴルフ、ターゲットバードゴルフなどがある。

上述したようにニュースポーツは、3つの型に分類することができるが、そのすべてに共通していることは、チャンピオンシップスポーツとは異なり、誰にでも安全に、かつ楽しむことができるスポーツであり、競争性をも有しているということである。また、種目によってはかなりの運動量になるものもある。

たとえば、ソフトバレーボールを見てみると以下のようである。従来チャンピオンシップスポーツとして行われてきたバレーボールのボールは皮革製で、パスをすると、手が痛くなったり、突き指をする危険性が高かったのに対して、ソフトバレーボールは、その名の通り、ボールがゴム製で非常に柔らかく、パスをしても痛くはなく、また、けがをする可能性も低い。そして、競技の形態がチーム対抗形式で試合が行われるために、競争性をも有している。さらに、コートはバドミントンの外側のライン (13.40m×6.10m) を用

第8章 レクリエーション

表8-1 ニュースポーツの分類

型	名　　　　称
輸　入　型	シャッフルボード、ホースシューズ、ローンボウルズ、ペタンク、ユニホック、ユニカール、カーリング、ホースシューズ、クロッケー
改　良　型	ゲートボール、ミニバレーボール、ソフトバレーボール、フリーテニス
開　発　型	ターゲットバードゴルフ、グランドゴルフ、ゲートボール、エスキーテニス、パンポン、バスケットピンポン、サークルピンポン

い、1チーム4人で行われるため運動量も保証されている。

　このようにニュースポーツは、チャンピオンシップスポーツとは異なり、安全に、かつ楽しめるスポーツであり、競争性をも有しているものである。スポーツ実施者の体力状況や志向により、実施者自身にあった種目を選択していくことが可能である。また、そのスポーツ用具も比較的簡単に入手でき、さまざまな場所で実施できる。さらに、実施状況によりルールを改善していくことも可能なものである。したがって、従来から行われていたチャンピオンシップスポーツとはその性格が全く異なるものであり、いいかえれば、レクリエーショナルスポーツということも可能である。

　スポーツなどの身体活動が健康の保持・増進に有効であるという見識が、国民の間に広く浸透し、スポーツ活動への参加者は年々確実に増加してきている。その中でも、高齢者の参加率は著しく伸びてきている。しかし、現在では、高齢者のスポーツ・運動といえば「ゲートボール」という代名詞はあてはまらない。このことは、高齢者の間にもさまざまなスポーツが普及してきたこと、いいかえれば、高齢者のスポーツが多様化してきていることを意味するものである。また、同様に、若者たちが実施しているスポーツも、従来から行われてきているものだけでなく多様化する傾向を示している。そし

て、このような傾向は、今後もますます多く見られるようになっていくであろう。また、スポーツの多様化により、レクリエーショナルスポーツへの参加者も増加していくことであろう。

　人生80年時代を迎え、健康で豊かな余暇生活を送りたいという万人の願いがより大きくなってきている今日、ニュースポーツといわれるものは、このような人々の願いをかなえるには十分なレクリエーショナルスポーツである。また、生活の質的向上や自己表現の場となる可能性をも含んでいるものであり、安全で、競争性もあり、柔軟で自由な発想で行えるスポーツである。国をあげて、生涯スポーツを国民の間に広めようとしている今日、ニュースポーツが広く国民の間で行われていくことになるであろう。また、高齢化社会を迎えつつある我が国では、学校教育の中においても、生涯スポーツの意義を指導し、教材としてニュースポーツを取り入れていくことが、生涯に渡って、スポーツを実践していく上でも有意義であると考えられる。

第2節　余暇と生活

　日本は、戦後半世紀にわたる国民のたゆみない努力により、経済大国としての地位を不動のものにするに至った。しかし、こうした状況にもかかわらず国民の間には、経済水準に見合う〝生活の豊かさ〟の実感が乏しい。経済的に極めて豊かな環境にありながら、国民生活に必ずしも生かされているとはいえないのである。

　近年、物質的な豊かさだけでは生活の満足感を得られないことが再認識され、「物の豊かさ」より「心の豊かさ」を重視する人が増加している。今や、個人とともに社会、現在とともに未来の生活の豊かさについて考えるべきときである。真に豊かで充実感のあるライフスタイルを築くためには、人生80年（70万時間）時代を迎えた私たち一人一人が、労働と遊び、休養、学習など自由に設計し、自己の能力を試し、最大限の自己実現を図り、社会的にも貢献していくこと、即ち、余暇の充実こそが重要である。

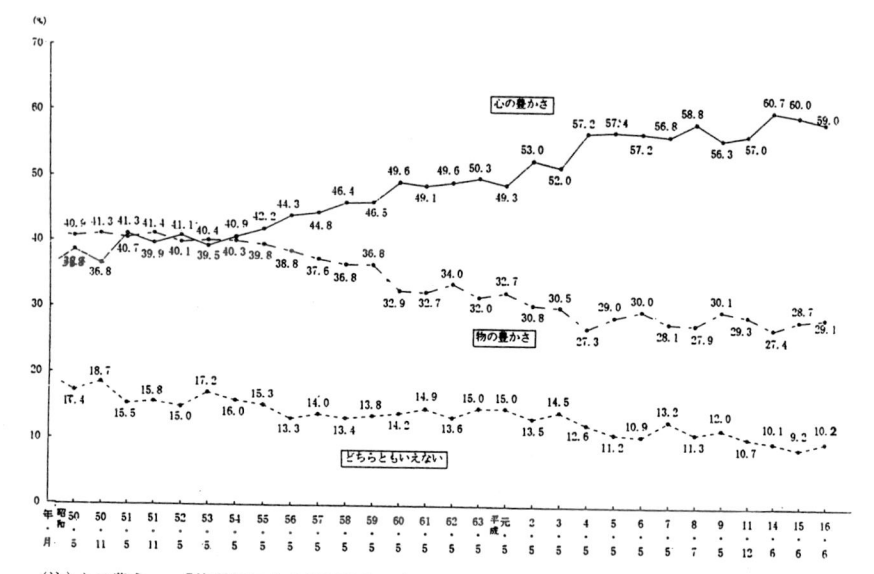

(注)心の豊さ → 「物質的にある程度豊かになったので、これからは心の豊かさやゆとりのある生活をすることに重きをおきたい」

物の豊さ → 「まだまだ物質的な面で生活を豊にすることに重きをおきたい」

資料：内閣府政府広報室「国民生活世論調査」(2004年)

図8-1　心の豊かさか、物の豊かさか

§1　余暇に対する考え方

　私たちが求めているのは、自らのもてる力を可能な限り出すことのできる社会である。しかし、様々な社会の制約のもとで、潜在的機能や能力の多くが抑制され力を発揮できずにいるのが現実である。人間の機能や能力は使用されずにいると退化し、萎縮してしまうのである。

　人の可能性を最大限に出せる社会とは、人の能力の発達段階にその ── 余暇を有効に使う能力 ── を伸ばし、成熟期にそれを活用 ── 自己実現に向けての行動 ── することのできる社会である。

　ところで、余暇が人の生活時間の中でとらえられる事実から、1日の生活時間配分を考えると、労働（学業）や通勤等の社会的必需時間、生命を維持

第 2 節　余暇と生活

するために必要な睡眠や食事等の生理的必需時間、家事や入浴等の家事的必需時間、個人の裁量で自由に使える自由時間に大別することができる。すなわち、1日の生活時間の中から拘束された時間（社会的必需時間、生理的必需時間、家事的必需時間）を除いた残りの時間を余暇ないしは自由時間と広義に解することができる（表 8-2）。

表 8-2　1 日の生活時間分類例

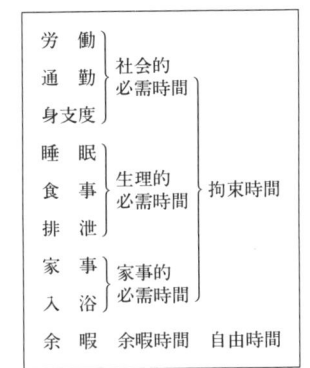

労　働	社会的必需時間	拘束時間
通　勤		
身支度		
睡　眠	生理的必需時間	
食　事		
排　泄		
家　事	家事的必需時間	
入　浴		
余　暇	余暇時間	自由時間

資料〔現代体育・スポーツ大系129〕

いつの時代でも生きていく糧を得るために働くことは必要であるが、労働だけが価値を生み出すと考える時代や社会において、余暇は「せいぜい働かなくてもいい時間」、「余った暇」という労働の従属物としてとらえられる傾向にあった。しかし、余暇が「人が自由に自らの活動を選択することのできる時間の枠組み」という意味合いで用いられ、独自の価値を有するものと認識されてきた今日では、余暇を「余裕のとき」として積極的に位置づけ、休むことの意味や重要性を認識することが必要である。

一方、労働からの解放や生産的業務のみならず家事からも離れることで得た時間を休養というのであるが、休養とは「休むこと」と「養うこと」の内容を含んでいる。休むことにより得られた時間に、『養う機能』がなされて、はじめて休養となる。休むことにより得られる時間の長さに応じて、呼称も養われる内容も異なるのである。最近では、働き過ぎ、ストレス社会、成人病等の増加を背景に、休養に対する人々の関心が高まっている。休養の分類と意義についてまとめてみる（表 8-3）。

現在、わが国の余暇をめぐる状況は、欧米に比べ著しく遅れている。労働時間を国際的に比較してみると、年間総実労働時間はイギリス、ドイツ、フランスといった先進諸国に比べ著しく長い。長時間の労働による働き過ぎは、過労死や心身症、半健康状態などの健康障害をひき起こしている。「生きるために働くのか、働くために生きるのか」という基本的な価値観の面で本末転

表8-3 休養の分類と意義

休み呼称	単位	養う内容	関連用語
休 息	秒	一連続作業と一連続作業との間に発生する自発休息の形をとること多し。作業負担回復に最も重要な意義をもつ。	息抜き (テクノストレス)
休 憩	分	所定労働時間内に生理的作業曲線低下を回復させる。	一服 リラクゼーション オフィスアメニティー
私的時間	時間	拘束時間外で翌日の労働力再生産に使われる。 この時間に栄養・運動も行われるが文化的な時間にも使われる。	レクリエーション レジャー 睡眠 リラクゼーション
週 休	日	週間中の疲労負債の回復、対人関係修復、人生設計に必要な素養の備蓄	カルチャー レジャー
休 暇	週・月	将来の人生設計の準備・素養の備蓄、心身調整、家族機能調整、パーソナリティー発展の促進、自己実現・自己発見	保養 リゾート

資料 厚生省「真の休養をめざして」

倒が生じているのである。一人あたりの所得が世界有数の水準に達しているにもかかわらず仕事に重点をおくため、職業生活と家庭生活（家族の団らん、レジャーの楽しみ等）のバランスを大きく崩していると指摘できよう。このような状況の中で、多くの人が余暇に力をいれた暮らし方を望むようになり、近年、余暇に対する関心が急速に高まっている。

　人生80年の日々を豊かなものにしていくためにも、個人が自らの意志で自由に使える時間をもち、その時間を通して、人生や生活を考えるとともに深みのある生活文化の創造を図ることの大切さを認識する必要がある。余暇・生活文化の充実こそ、将来を真に豊かで人間的な社会としていくためには不可欠の課題である。

> 余暇は豊かな時間。
> 余暇は豊かな空間。
> 余暇は豊かな人間。

資料「豊かな時を創るためにより」

§2 余暇に対する意識
(1) 生活意識と価値観の変化

日本は戦後の復興期から高度成長期まで先進国に追いつくことを目指してきたが、高度成長期から安定成長期に移行したのにともない、これまでの経済最優先が転機をむかえた。そして、日本人の勤勉をよしとする勤労観にも変化の兆しがみられるようになり、仕事以外の自由時間の充実にも重要な意味を見いだす人々の割合が増加しつつある。

国民生活に関する世論調査の、「今後の生活の力点として、生活のどのような面に力を入れたいと考えているか」の設問に対して、1983年頃より現在に至るまで「レジャー・余暇生活」とする人が最も多く、次いで最近では、食生活、住生活となっている（図8-2）。

次に、「日頃の生活で、どのような時に充実感を感じているのか」の設問に対して、1975年以来、全体の順位に変化はないが、ゆったりと休養している時、趣味やスポーツに熱中している時、友人や知人と会合や雑談している時といった余暇に関わる内容が大きく伸びている。

また、自由時間と収入の関係についてみてみると、自由時間を減らしても

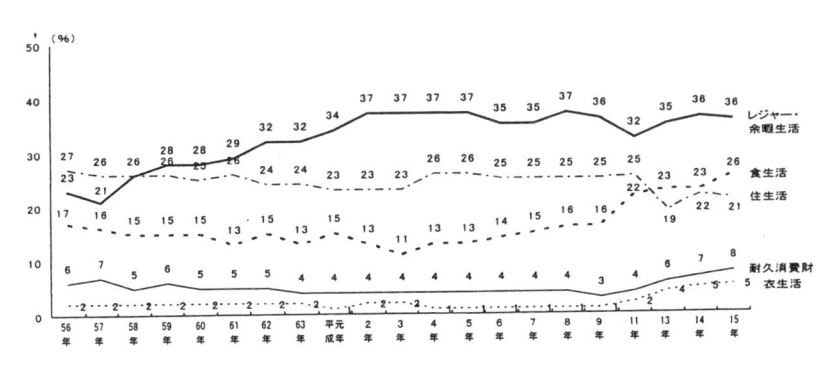

出典：内閣府「国民生活に関する世論調査」
平成10年、12年は調査を実施していない。

図8-2　今後の生活の力点

現在以上の収入を得たいとする収入重視派が、自由時間が減るくらいなら収入は現在のままでよいとする時間重視派を上まわっている。しかし、長期的にみれば自由時間を増やしたい人の割合が増しているのである。

つまり、経済的ゆとりから時間的ゆとりを求め、余裕をもってゆっくり過ごすという価値観が主流の時代となってきているのである。仕事以外の場においても充実した時間を求め、柔軟な生活時間構造のなかで生活全般にわたる

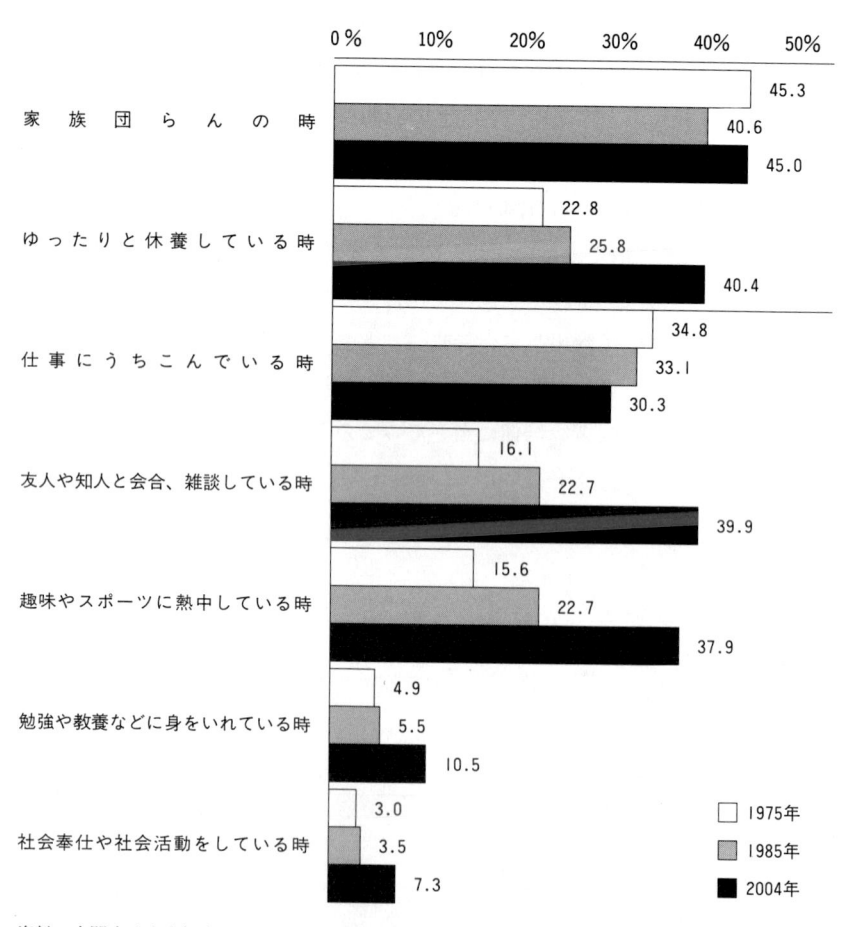

項目	1975年	1985年	2004年
家族団らんの時	45.3	40.6	45.0
ゆったりと休養している時	22.8	25.8	40.4
仕事にうちこんでいる時	34.8	33.1	30.3
友人や知人と会合、雑談している時	16.1	22.7	39.9
趣味やスポーツに熱中している時	15.6	22.7	37.9
勉強や教養などに身をいれている時	4.9	5.5	10.5
社会奉仕や社会活動をしている時	3.0	3.5	7.3

資料：内閣府政府広報室「国民生活世論調査」2004年より作成

図8-3 充実感を感じる時

第2節　余暇と生活

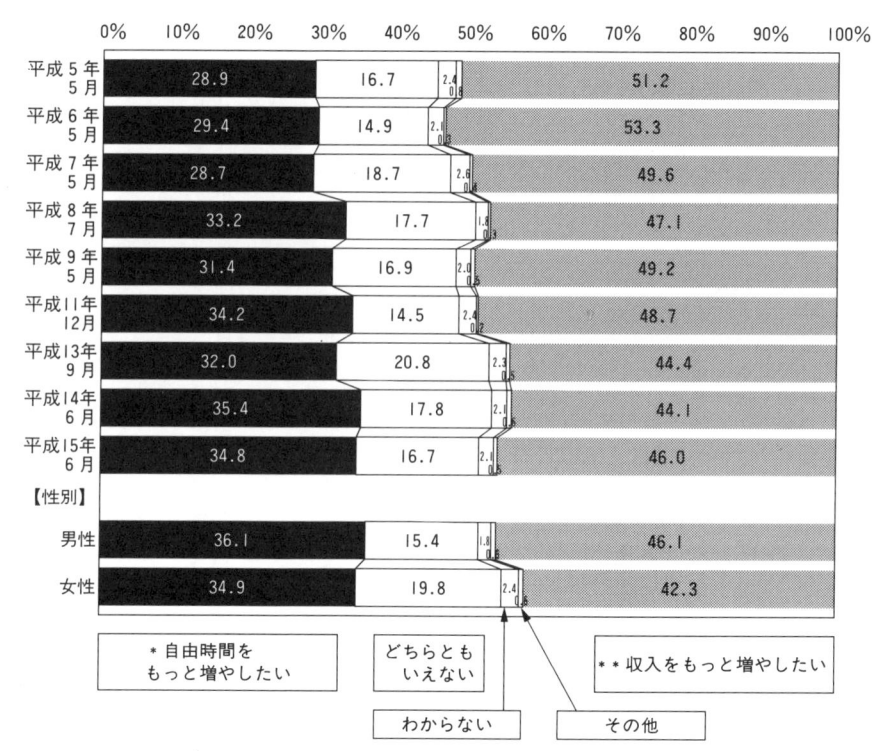

調査時期	自由時間をもっと増やしたい	どちらともいえない	その他/わからない	収入をもっと増やしたい
平成5年5月	28.9	16.7	2.4	51.2
平成6年5月	29.4	14.9	—	53.3
平成7年5月	28.7	18.7	2.6	49.6
平成8年7月	33.2	17.7	1.8	47.1
平成9年5月	31.4	16.9	2.0	49.2
平成11年12月	34.2	14.5	2.4	48.7
平成13年9月	32.0	20.8	2.3	44.4
平成14年6月	35.4	17.8	2.1	44.1
平成15年6月	34.8	16.7	2.1	46.0
【性別】男性	36.1	15.4	1.8	46.1
女性	34.9	19.8	2.4	42.3

*自由時間をもっと増やしたい　　どちらともいえない　　**収入をもっと増やしたい
わからない　　その他

(注) 平成11年調査までは、「収入は現在のままでも、自由時間をもっと増やしたい」と、
　　　**は「自由時間は現在のままでも、収入をもっと増やしたい」となっている。
出典：内閣府「国民生活に関する世論調査」
引用：レジャー白書2004

図8-4　自由時間と収入についての考え方

-4)。

(2) 余暇に求めるもの

　人の余暇行動は実に多種多様であり、時代の変化とともに変わり、新しいものがつくりだされ、また、あるものは顧みられなくなった。
　(表8-4)の内容を大別すると、人々は、家族や友人・知人たちとの居心地の良い人間関係、積極的に生活を楽しむための健康・体力、日常生活空間外に出るアウト・ドア、趣味を深め、知識を広げるといった教養・学習活動

表8-4 余暇に求める楽しみや目的

余暇活動に認める楽しみや目的	男性（％）n＝890	女性（％）n＝1,661	女性／男性
ぜいたくな気分にひたること	17.4	31.5	1.8
芸術や美的な関心を満たすこと	20.0	33.0	1.6
自分で作れる喜びを満たすこと	19.1	30.2	1.6
家族との交流を楽しむこと	53.4	73.2	1.4
日常生活の解放感を味わうこと	41.1	53.9	1.3
友人や知人との交流を楽しむこと	61.1	76.3	1.2
心の安らぎを得ること	63.8	76.6	1.2
好奇心を満たすこと	37.0	41.5	1.1
自分に触れること	40.2	43.6	1.1
身体を休めること	68.2	73.8	1.1
想像力を発揮すること	13.9	14.8	1.1
仕事や学習への新しい意欲を得ること	17.0	17.0	1.0
推理、創造を楽しむこと	9.8	9.8	1.0
知識や教養を高めること	39.8	37.9	1.0
実益（収入）に結びつくこと	16.1	14.9	0.9
仕事や学習に役立つこと	17.8	15.1	0.9
スリルを味わうこと	9.9	8.3	0.8
健康や体力の向上をめざすこと	34.0	28.4	0.8
社会や人のために役立つこと	9.8	6.8	0.7
技術や腕前の向上をめざすこと	23.3	15.2	0.7
賭けや偶然を楽しむこと	17.3	8.0	0.5
腕を競い競争すること	7.5	1.7	0.2

資料：中小企業総合事業団「需要動向調査」1999年12月調査
引用：余暇レジャー総合統計年報2000年版

を余暇の中に求めていることがわかる。

　人間は、本性として〝考える動物〟（homo sapiens＝理性人）であり〝物をつくり〟（homo faber＝工作人）、〝遊び〟（homo ludens＝遊ぶ人）、かつ〝集団的行動を営む〟（zoon politician＝群居性）特性をもつのである。[注1]そのあるべき姿としての学習が、生涯の各時期にわたり展開されなければならない。このような人間的要素が保証される社会を〝豊かな社会〟と考えてよい。しかし、残念なことに今日の生活は、心身ともに様々な歪みを生みだしているのである。私たちは、それを克服するために、自分自身が活動の主体者となり、

注1）国民の健康・体力つくりの現況より

第2節 余暇と生活

積極的な活動を余暇の中に取り入れる身構えを育てることが大切である。

§3 余暇と健康

人々は、家庭や職場で様々なストレスにさらされているが、強いストレスが長く続くと健康に障害が及ぶことになる。

健康を維持するためには、疲労やストレスを上手に解消できるかどうかが鍵になるのである。ストレスの対策で重要なのは、「情動」を良い状態に保つよう努力することであるが、健康状態が良好であれば心理的な対処行動（気持ちの持ち方）も明るく前向きなものとなる。[注2]具体的な努力として、まず、睡眠や休憩を十分にとること、そして、個人の好みに応じて公園のウォーキング、ハイキングや登山、魚釣りやスポーツ各種などの活動的レジャーや映画、音楽、美術、プロスポーツ、花の栽培などの鑑賞型レジャーを楽しむことがあげられる。好きな余暇活動で気分の転換を図り、日常生活でささやかな感動をすることは、「情動」の疲れを癒しストレス解消の最良の方法となる。

休養の各段階におけるこころの切り換えの意味
1) 緊張、不安、葛藤などのストレスによってひき起こされた身体症状への気づきの障害を緩和し健康への関心を高める。（休息）
2) 身体が本来有しているホメオスターシスと自然治癒力を高め、ストレスで歪んだ自律神経や内分泌系の働きを再調整し正常化する。（休息、休憩）
3) ストレスや精神的疲労をひき起こしたり、心身症や神経症の誘因となる自分の行動パターンや性格を理解し、ストレス対処への自己洞察を深める。（休暇）
4) 自分の本来の自己を発見し、生きがいや人生の喜びを生活の中で系統だて、新たなるヒエラルキーを創造し自己実現に至る生き方を実践することが可能となる。（週休、休暇） ── 真の休養をめざしてより抜粋 ──

現代社会における余暇とは、私たちの生活に人間らしさとゆとりを与える重要な要素であり、健康生活を築くための重要な内容である。

注2）経済分析より

表8-5　健康・体力つくり実施内容と健康度の関連

健康・体力づくりの内容	実施している	実施していない	検定結果
栄養や食事などの食生活	0.47	0.51	＊＊
睡眠や休養	0.46	0.52	＊＊＊
運動やスポーツ	0.38	0.53	＊＊＊
規則正しい生活	0.45	0.52	＊＊＊
ストレス解消	0.45	0.51	＊＊＊
日頃から体を動かす	0.44	0.52	＊＊＊
余暇の積極的な活用	0.42	0.51	＊＊＊
発ガン性物質などの回避	0.47	0.50	
その他	0.47	0.50	

＊＊＊：$p<0.001$，＊＊：$p<0.01$

資料　㈶余暇開発センター「インディビデュアル・ヘルス・プロモーションシステム開発研究調査」(平成元年)

(注)　現在の健康水準の自覚（非常に健康から不健康までの5段階）をもとに、Ridit分析を行い、平均Riditsが算出されている。平均Riditsは、性別、および年齢層を考慮して、補正されている。基準の集団のRiditsは、0.50で表され、この分析ではこの平均Riditsが0.50より小さい方へ傾いていれば、健康度が高く、逆に0.50よりも大きければ健康度が低いことを示す。

〔国民の健康、体力つくりの現況〕より

§4　余暇の実態

(1)　余暇の阻害要因

わが国の余暇をめぐる現状は、欧米に比べかなり遅れている。今後、余暇生活の充実を図っていくためには、基本的に解決しなければならない次のような問題点がある。

1) 労働を重視するあまり、余暇を軽んじる傾向が強い ── 余暇に対する消極的な考え方や意識が、「まわりが気になり休みがとれない」、「休むと後ろめたさを感じる」などの状況を生み、年次有給休暇の取得を困難にしている。
2) 労働時間がヨーロッパ諸国より長く、自由時間が少ない。
3) 働き過ぎ社会の弊害として、個人の余暇を享受する能力の不足。
4) 利用者が満足するような魅力ある催しの不足、活動空間の不足、施設の整備の遅れ、余暇サービスに携わる人材の不足。
5) 一定時期への利用者の集中。
6) 施設利用料金、交通費、宿泊費などの余暇費用の高さ。

表8-6 年次有給休暇を取得しにくい理由

(単位 %)

理　　　由
周囲に迷惑がかかる
病気等有事への備え
仕事がたまり後で忙しくなる
仕事が多く人手不足
休暇を取りにくい職場の雰囲気
休暇取得に罪悪感がある
休暇中仕事の進行状況が不安
週休2日制充実で平日は休みにくい
配置、昇進、賞与への影響が不安
休んでもすることがない
その他

資料　厚生労働省「労働時間短縮に関する意識調査」

7) 余暇に対する公的対応の遅れ。

このような状況の中で、近年、レジャー・余暇生活に対する人々の関心は高まっている。ゆとりある生活を築いていくため、急ぎ解決しなければならない課題である。

(2) 余暇時間の実態

余暇の過ごし方を決めるのは、あくまで個人である。しかし、企業中心社会では自由時間が少なく、自由時間重視の意識も乏しかったため余暇の実態は余りにも貧弱である。十分な自由時間は、豊かな余暇生活を享受するために基本的な条件であり、余暇時間の増大と確保のためには、労働時間の短縮を図ることが必要となる。

現在、日本人の年間総実労働時間は1846時間（2003年）である。日本人の

表8-7 年次有給休暇の取得状況

有給＼年	1995	1996	1997	1998	1999	2000	2001	2002
付与日数	17.2	17.4	17.4	17.5	17.8	18.0	18.1	18.2
取得日数	9.5	9.4	9.4	9.1	9.0	8.9	8.8	8.8
取得率	55.2	54.1	53.8	51.8	50.5	49.5	48.4	48.1

資料　厚生労働省「就労条件総合調査報告」より

表8-8　年間総実労働時間の推移

（単位：時間）

年	総実労働時間	所定内労働時間	所定外労働時間
1970	2239	2039	200
1975	2064	1937	127
1980	2108	1946	162
1985	2110	1932	178
1990	2052	1866	186
1995	1909	1772	137
2000	1859	1720	139
2003	1846	1700	146

資料　厚生労働省「毎月勤労統計調査」より作成

イ）総実労働時間 ｛ ロ）所定内労働時間
　　　　　　　　　ハ）所定外労働時間

イ）実際に労働した時間
ロ）就業規則等で定められた所定の労働時間内に実際に労働した時間
ハ）所定時間外や休日において、所定の労働時間を越えて労働した時間

　労働時間は、1970年代後半以後、15年間は2100時間程度の横ばい傾向を推移し、ここ数年、減少傾向にあって現在に至っている。ヨーロッパ諸国（イギリス、ドイツ、フランス）との比較では、日本人の労働時間は100～300時間程度長く、休日日数もイギリスより9日、ドイツより15日少ない。

　また、欧米では、概ね完全週休2日制であるのに対し、日本では企業規模や業種間の格差が大きく、特に中小企業における完全週休2日制の普及の遅れが目立っている。

　次に、年次有給休暇の日数をみても、ヨーロッパ諸国では20～30日の付与日数があるのに対し、日本では18日であり、その取得率は約半分というのが現状である。

　長期休暇についてヨーロッパ諸国では、ほぼ1ヶ月が一般的なバカンスの長さであるのに対し、日本の場合は7日から大企業でも12日程度である。さらに日本では、これに加えて、長時間通勤の問題がある。欧米では長くても往復1時間程度であるのに対して、日本では大都市圏で2時間を越えること

表 8-9　年間労働時間の国際比較

国　　名	年間労働時間
日　　本	1900時間（97年）
アメリカ	1966時間（97年）
イギリス	1731時間（97年）
ドイツ	1560時間（96年）
フランス	1656時間（97年）
スイス	1643時間（96年）
ノルウェー	1399時間（97年）

資料　ILO（国際労働期間）発行「World of work」1999年より作成

も珍しくない。以上の結果から、日本人の余暇時間はヨーロッパ諸国に比べ著しく少ないことになる。

しかし、ここ数年、経済計画の目標である年間総労働時間1800時間を達成するため、労働時間短縮に向けての動きがみられる。

計画の目標である年間総労働時間1800時間とは、完全週休2日制が一般化し、年次有給休暇は付与日数を20日に拡大したうえで完全消化という姿に相当するのである。

完全週休2日制の普及促進を基本に、年次有給休暇の完全取得、連続休暇の定着、残業の是正などを重点として、労働時間短縮への積極的な取組みが必要である。特に、時間的ゆとりが不足している年齢層の自由時間を増やし、労働や家事等の拘束時間と余暇とのバランスがとれたライフスタイルを形成できるようにする必要がある。

(3)　**余暇費用**

「労働時間の短縮が進んでも、余暇活動のための費用が高いので余暇の充実にはならない」という意見がある。「交通費、宿泊滞在費等のいわゆるバカンスに要する費用が高い」、「ゴルフ・テニス・スキー等のスポーツ用品の購入費や施設利用費が高い」、「オペラやコンサート等の催しの料金が高い」という

現状である。このようなことでは、折角余暇時間が増えても個人の豊かな余暇活動は保証されない。わが国の余暇費用は、諸外国の中でも群を抜いて高く、特に人気の余暇活動にかかる費用は概ね欧米諸国の倍以上といってよい。

余暇サービスに係る費用の構造をみると、次のような原因が複合的に組み合わさって高価格になっているものが多い。

1) 費用構造的な原因
   ① 土地の価格の高さ
   ② 初期の投資コストの高さ
   ③ 人件費の高さ
2) ニーズ構造に起因する原因
   ① 利用者の一定時期（週間変動、季節変動）への集中
   ② 金余り現象や法人需要の増加
3) 各種の調整に起因するもの
   ① 新規開発において、土地利用計画や既得権限等の調整に時間がかかり、その間にコストがかさむ

以上のような構造を生みだしているのは、これまでに形成されてきた日本の社会システムや慣行であると考えられる。

これからは、余暇のサービスについて選択の自由を求める消費者が増えるものと考えられる。高級であるが価格も高いサービス、あるいは質素であるものの価格が安いサービスといった選択肢の中から消費者が選ぶことは望ましいことである。増大する休暇と所得を上手に使うためには、高級なサービスが自分に必要か否かをみる目を養うことである。「高い料金」は必ずしも良い品質を保証してはいない。また、「至れり尽くせりのサービス」は、高い買い物になることを知っておきたい。

このままでは、ますます割高になることが懸念される余暇費用を、欧米並みに安くするためには、政府をはじめ国民各層で積極的に努力する必要がある。

第 2 節 余暇と生活

(複数回答)

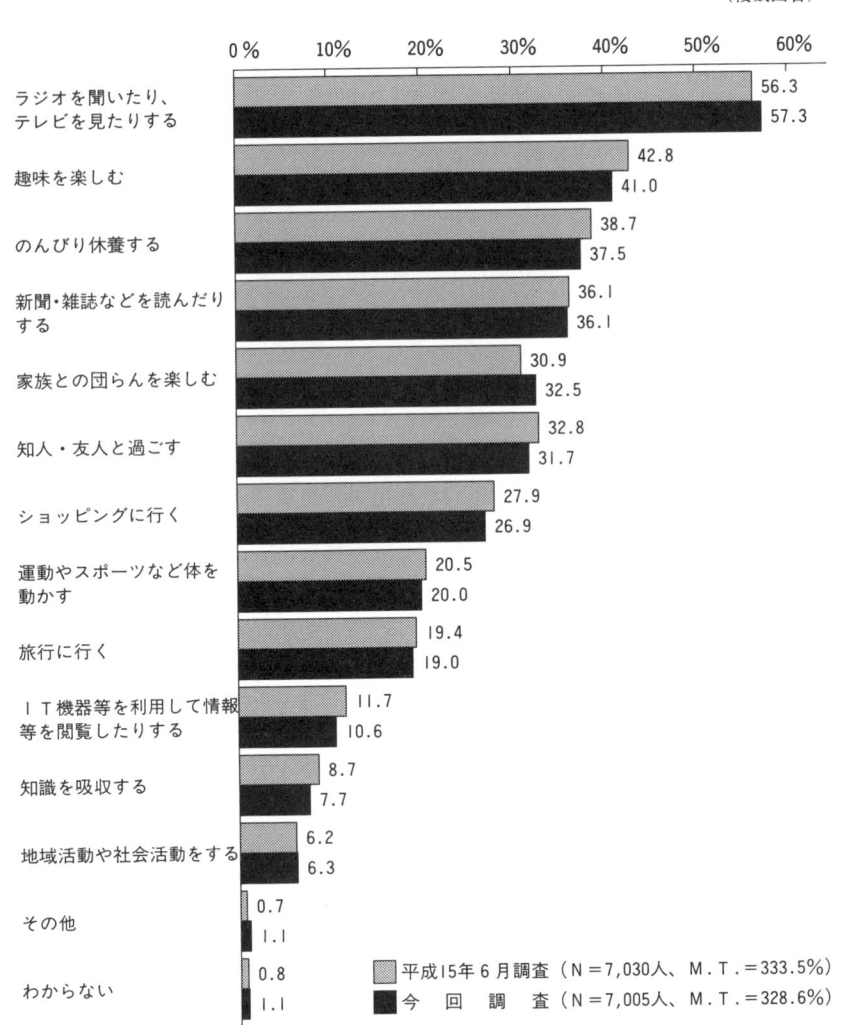

項目	平成15年6月調査	今回調査
ラジオを聞いたり、テレビを見たりする	56.3	57.3
趣味を楽しむ	42.8	41.0
のんびり休養する	38.7	37.5
新聞・雑誌などを読んだりする	36.1	36.1
家族との団らんを楽しむ	30.9	32.5
知人・友人と過ごす	32.8	31.7
ショッピングに行く	27.9	26.9
運動やスポーツなど体を動かす	20.5	20.0
旅行に行く	19.4	19.0
IT機器等を利用して情報等を閲覧したりする	11.7	10.6
知識を吸収する	8.7	7.7
地域活動や社会活動をする	6.2	6.3
その他	0.7	1.1
わからない	0.8	1.1

平成15年6月調査（N＝7,030人、M.T.＝333.5%）
今　回　調　査（N＝7,005人、M.T.＝328.6%）

資料：内閣府政府広報室「月刊世論調査11月号」2004年

図 8-5　自由時間の過ごし方

(4) 余暇能力

　これまでの長い労働時間のもとでは、余暇を活用する機会に恵まれなかったために、余暇時間が増え環境が整備されても、「何をしてよいかわからない」、「何もすることがない」と言うようでは豊かな余暇生活の実現は期待できない。

　現在、中高年者の多くは、高度成長時代から仕事中心、勤労優位の風潮のもとに長時間労働を続けてきたため、個人の余暇を享受する能力が十分に形成されていないのである。忙しすぎることによってひき起こされる余暇享受能力の問題は必ずしも中高年者だけのものではない。受験勉強の低年齢化により、子供たちは遊ぶ時間を十分もつことができなくなっている。このことは、子供が発達段階にふさわしい豊かな生活体験を得ることを困難にしている。子供の時期から、余暇を積極的に活用する習慣を形成することは重要である。人生の早い時期から多種多彩な活動に親しむ機会を増やし、余暇を活用する能力を身につけさせるとともに、余暇の意味と楽しさを教えていくことは大切である。

　人生80年、余暇時間の拡大の中で、私たちは、余暇そのものが主要な日常生活になるような社会に生きる可能性がある。余暇は、自主的に実行する能力を持ち合わせている人には価値のある時間となるが、能力を持ち合わせない人には、その自由時間が苦痛になることさえある。余暇の重要性を認識するとともに自由で多様な生活を楽しむ能力をもつ必要がある。

第 2 節 余暇と生活

引用・参考文献

1) 北川勇人:「ニュースポーツ事典」遊戯社、1991.
2) 日本レクリエーション協会編:「指導の手引き」1986.
3) 余暇開発センター編:「レジャー白書'92」1992.
4) 財団法人社会経済生産性本部編:「レジャー白書」2004.
5) 文部省:「人・スポーツ・未来」ぎょうせい、1991.
6) 鹿屋体育大学体育経営管理学講座(編):「生涯スポーツのプログラムと情報サービス」鹿屋体育大学、1990.
7) 内閣府編:「国民生活白書」国立印刷局、2004.
8) 内閣府編:「国民生活選好度調査」国立印刷局、2002.
9) 労働省編:「労働白書」日本労働研究機構、1994.
10) 総務庁青少年対策本部編:「国民の健康・体力つくりの現況」大蔵省印刷局、1990.
11) 財団法人 厚生統計協会編:「国民衛生の動向・第40巻第9号」厚生統計協会、1993.
12) 広報出版センター編:「92年版 余暇生活関連資料集」日本レクリエーション協会、1992.
13) 経済企画庁、経済研究所編:「経済分析 第133号」大蔵省印刷局、1994.
14) 厚生労働省編:「厚生労働白書」ぎょうせい、2004.
15) 浅見俊雄:「現代体育・スポーツ大系第29巻」講談社、1984.
16) 経済企画庁国民生活局編:「国民生活を変える新たな主役たち」大蔵省印刷局、1991.
17) 経済企画庁国民生活局編:「生活レジャー学習」大蔵省印刷局、1989.
18) 経済企画庁総合計画局編:「2010年への選択」大蔵省印刷局、1991.
19) 経済企画庁国民生活局余暇・生活文化室編:「余暇時代のまちづくりハンドブック」ぎょうせい、1993.

20) 経済企画庁物価局編：「「遊び」の値段」大蔵省印刷局、1992．
21) 経済企画庁国民生活局編：「豊かな時を創るために」大蔵省印刷局、1990．
22) 経済企画庁国民生活局編：「個人生活優先社会をめざして」大蔵省印刷局、1991．
23) 経済企画庁国民生活局編：「個人の生活を重視する社会へ」大蔵省印刷局、1992．
24) 経済企画庁総合計画局編：「生活大国キーワード」経済調査会、1993．
25) 経済企画庁総合計画局編：「2010年」第一法規、1992．
26) 厚生省保健医療局編：「真の休養をめざして」大蔵省印刷局、1993．
27) 内閣府広報室編：「世論調査」2004.11．
28) 食品流通情報センター編：「余暇レジャー総合統計年報」、2000．

MEMO

MEMO

執筆者（順不同）

芝山　正治（駒沢女子大学教授）
真木　　弘（岡崎女子短期大学助教授）
鳥居　恵治（岡崎女子短期大学助教授）
森　奈緒美（名古屋外国語大学助教授）
阪本　知子（豊橋創造大学教授）
下村　典子（中京短期大学助教授）
田中　信博（中京学院大学）
下村　吉治（名古屋工業大学教授）
木下　茂昭（駒沢女子短期大学教授）
正　美智子（名古屋学芸大学教授）

健康とスポーツ概論―運動と健康の理論―

発　行	1995年4月2日	初版第1刷発行
	2016年3月1日	第8刷発行
著　者	芝山正治/真木弘／鳥居恵治／森　奈緒美／下村典子	
	田中信博／坂本知子／下村吉治・木下茂昭／正美智子	
発行者	佐藤照雄	
発行所	圭文社	
	〒112-0011　東京都文京区千石2-4-5	
	TEL 03-5319-1229　FAX 03-3946-7794	

ISBN978-4-87446-007-8　C1075　¥1800E